manuela bethke

NUR DAS
SELBST

D1640284

manuela bethke

NUR DAS SELBST

Die Reise zu unser aller Urgrund

Das Buch „NUR DAS SELBST. Die Reise zu unser aller Urgrund" ist 2024 unter dem Titel „Wer wir in Wirklichkeit sind. Die Reise zu unser aller Urgrund" als überarbeitete und erweiterte Neuauflage erschienen.

Impressum

Naturheilpraxis Manuela Bethke
Oberonstraße 3
81927 München
089 99 31 74 73
www.advaita-muenchen.de

1. Auflage 2023

ISBN 978-3-7578-1683-4

Lektorat: Sandra Winkler und Lutz Schröder

Herstellung und Verlag: BoD – Books on Demand, Norderstedt

Bibliografische Information der Deutschen Nationalbibliothek: Die Deutsche Nationalbibliothek verzeichnet diese Publikation in der Deutschen Nationalbibliografie; detaillierte bibliografische Daten sind im Internet über dnb.dnb.de abrufbar.

Ich widme dieses Buch dem SELBST.

Es ist eine Liebesgeschichte. Auf der Suche nach Liebe und Glück hat Gnade mich die höchste Liebe entdecken lassen - die Liebe zum SELBST und dass ich diese Liebe und das höchste SELBST bin, der Urgrund von allem.

„Aham brahmasmi."

Ich bedanke mich bei meinen Eltern, bei meinem Guru sowie bei allen Wegbegleitern. Besonderer Dank gilt meiner Tochter und meiner Mutter für ihr Sein und ihre wundervolle Unterstützung. Mein Vater durfte all dies leider nicht erleben, weil er früh aus dem Leben schied.

Von Herzen bedanke ich mich bei Lutz Schröder, der unermüdlich an der Erstellung dieses Werkes beteiligt war und ohne den dieses Buch nicht entstanden wäre.

Om Shanti Om.

Manuela Bethke, München im August 2023

„Das, was du bist und schon immer warst,
kann nicht verwirklicht werden.
Es war und ist nie nicht.“

Manuela Bethke

Vorwort

„Glück ist der natürliche Urzustand des Menschen."
Manuela Bethke

In diesem Buch wirst du Zeuge von direkten Gottes- und Befreiungserfahrungen, wie sie bisher selten veröffentlicht wurden.

Manuela Bethke gab sich in ihren Mediationen jahrelang dem SELBST hin und durfte dabei absolute Stille, Frieden und größtes Glück erfahren.

In der Phase ihrer Befreiung transzendierte sie auch dies. Sie wurde vom SELBST aufgesogen und durfte erkennen, wer sie in Wirklichkeit ist.

Es blieb das Wissen, dass sie und alles andere nur das EINE ist. Manuela lebt die Essenz des Advaita-Vedanta und die höchste Wirklichkeit.

Spielerisch und leichtfüßig wechseln im vorliegenden Dokument Schilderungen über ihre Gotteserfahrungen und ihr Sein mit Passagen über den gelebten Vedanta und Einladungen ab, sich seiner inneren Führung anzuvertrauen.

Alle sind dafür da, dass du das SELBST, deine eigentliche Natur, unmittelbar und ohne Umschweife wiederentdeckst und das EINE - Gott, Brahman - in allem erkennst.

Manuela berührt Menschen, ohne sie anzufassen. Wie in den persönlichen Begegnungen mit ihr wirst du in eine andere

Welt mitgenommen, in der du Loslassen, Stille, Liebe, Glück und Sein erfahren darfst und in der es keine Zeit gibt.

Mit ihr kannst du herausfinden, wer du wirklich bist. „Es ist, wie nach Hause kommen.", hat ein Besucher in einem ihrer Satsangs formuliert.

Dieses Buch ist von Manuelas Liebe und Präsenz durchdrungen. Es gibt einen Vorgeschmack auf das, was in ihrer Gegenwart erfahrbar und einmalig ist.

Es ist nicht möglich, dieses Wissen mit dem „mind" zu erfassen oder wiederzugeben. Der „mind" kann das nicht.

Manuela geht es darum, mit dem Herzen zu verstehen und seinen eigenen Weg zu finden. Niemand außer dir kann deinen Weg gehen.

Um das Wissen und die Einweihungen direkt zu vermitteln, wurde für diesen Band die Form des Interviews gewählt. Die darin gestellten Fragen sind Auszüge aus therapeutischen Sitzungen, Satsangs und Retreats.

Manuelas Antworten wurden eigens für das Buch in zahllosen Gesprächen aufgenommen, verschriftet und redaktionell überarbeitet.

Dabei ist eine Lektüre voller Weisheit und Kostbarkeit entstanden.

Das Werk der Verwirklichten wird original in Deutsch vorgelegt und musste im Gegensatz zu klassischen indischen Schriften nicht übersetzt werden.

Kapitel für Kapitel darfst du an den Erfahrungen, Erkenntnissen und Meilensteinen teilhaben, wie sie in Manuelas Leben stattfanden und zu ihrer Selbstverwirklichung führten.

Jede ihrer Antworten ist ein kleines Kunstwerk. Die Mutter eines inzwischen erwachsenen Kindes legt dir nahe, mit dem Herzen zu lesen, immer wieder innezuhalten und die Antworten nachwirken zu lassen.

Ich bin überglücklich, dass Manuela diesem Projekt zustimmte und auf diese Weise ihr Wissen zur Verfügung stellt, auch wenn es das persönliche Zusammensein mit ihr nicht ersetzt.

Dieses Wissen ist von unbezahlbarem Wert. Es ist ein Schatz, ein heiliges Dokument, mit dem es achtsam umzugehen gilt, das nicht für egoistische Zwecke genutzt werden darf.

Als unmittelbarer Zeuge vieler ihrer Erfahrungen war es für mich eine Herzensangelegenheit und eine große Freude, mit Manuela die Interviews aufzunehmen, zu verschriften sowie mit ihr und Sandra Winkler das Werk zu lektorieren.

Ich bin unendlich dankbar, dass ich beim Entstehen der Texte so nah dabei sein durfte. Ich liebe dieses Buch. Es ist ein großes Geschenk

Lutz Schröder

„*Weltliches Glück kommt und geht.*
Wahres Glück ist ewig."

Manuela Bethke

Inhaltsverzeichnis

„Das SELBST ist jenseits von Worten, jenseits des Verstandes. Es ist nicht die Stille, die Liebe, der Friede, das Glück und die Schönheit, von denen ich spreche. Alles, was du in Worte fassen kannst, ist es nicht."

Manuela Bethke

Einleitung

*„Du kannst in diesem Buch schwelgen, dein Herz
öffnen und dich vom SELBST mitnehmen
lassen, wie ein Passagier auf einem Schiff,
das dich ans andere Ufer bringt."*

Es ist der Weg der Liebe.

In diesem Buch mache ich meine Geschichte allen zugänglich, die sich auf spiritueller Suche befinden.

Es ist eine Liebesgeschichte, eine Geschichte über die Liebe zum SELBST, zu unser aller Urgrund. Diese Liebe, diese große Gnade, hat mich erkennen lassen, dass ich das SELBST bin, der Urgrund von allem.

Nun ist die Zeit reif, andere Seelen mit diesem Wissen zu inspirieren, soweit es die menschliche Sprache vermag.

Das SELBST ist jenseits von Worten, jenseits des Verstandes. Es ist nicht die Stille, die Liebe, der Friede, das Glück und die Schönheit, von denen ich spreche. Alles, was du in Worte fassen kannst, ist es nicht.

Der, der du in Wirklichkeit bist, ist jenseits von Sprache und Worten. Du glaubst, Körper und „mind" zu sein und eilst von einer Wunscherfüllung und Sinneserfahrung zur nächsten.

Nie findest du darin anhaltendes Glück. Die Identifizierung mit deinem „mind" schafft immer wieder neues Leid.

Hier und jetzt naht das Ende leidvoller Erfahrungen, das Ende von Samsara.

Den „mind" zu transzendieren ist kein Hexenwerk. Erleuchtung und ewiges Glück sind nicht weit entfernt. Anstrengungslos und ohne Dogmen, jenseits aller Konzepte kannst du das Sein und das höchste Brahman, das SELBST, deine eigentliche Natur, wiedererkennen.

Es ist ein Treffen, eine Berührung mit dem Unsichtbaren. Es ist Musik und Nahrung für die Seele.

Du kannst in diesem Buch schwelgen, dein Herz öffnen und dich vom SELBST mitnehmen lassen, wie ein Passagier auf einem Schiff, das dich ans andere Ufer bringt.

> *„Du fängst an, deinem Herzen zu folgen. Dann*
> *fängt die wahre Liebe erst an. Die Liebe*
> *zum SELBST, zu deinem SELBST."*

Dein Herz möchte dir etwas sagen, wenn in deinem Leben nicht alles reibungslos verläuft, Dinge schief gehen und weltliche Genüsse dich nicht final erfüllen.

Dein Herz fordert dich auf, dich auf die Suche zu begeben. Das ist keine Strafe, sondern ein Segen und gutes Karma.

Dein Herz möchte dir etwas viel Schöneres als diese vergangliche, äußere Welt mit all ihren Verlockungen zeigen. Es möchte dir zeigen, dass dieses viel Schönere immer ist und dass du das bist.

Gibst du dich ihm hin, wird es dir in „leisen Tönen" gezeigt. Du brauchst dich nur führen zu lassen. Du fängst an, deinem

Herzen zu folgen. Dann fängt die wahre Liebe erst an. Die Liebe zum SELBST, zu deinem SELBST.

Der Satguru hilft dir, auf diesem Liebespfad voranzuschreiten, denn er ist diese Liebe, dieses ewige Glück und das SELBST, das du suchst. Der Satguru weiß um die eigentliche Natur des Menschen, die höchste Wirklichkeit.

Mit diesem Buch begibst du dich auf die Reise zu dieser Wirklichkeit, die ewige Liebe, ewiger Friede und ewiges Glück ist.

Es ist eine Reise nach innen und nach Hause. Meditation, Kontemplation und Innenschau ermöglichen dir, deine Konditionierungen zu transzendieren. Wenn es die Gnade zulässt, wirst du von „mind" zu „no-mind" und zu „beyond" mitgenommen.

Dann bist du wirklich zu Hause, dann weißt du, wer du bist: Stille, Friede, Liebe, Glück, Sein-Bewusstsein-Glückseligkeit, Sat-Chit-Ananda und darüber hinaus.

ॐ

Suche nach Glück

„Die meisten Menschen wissen nicht, wie sie zu ihrem ursprünglichen Glück zurückfinden, das immerwährend ist ... Sie wissen nicht um die Lösung."

Warum sucht jeder nach Glück?

Unsere ursprüngliche Natur ist reines Glück. Als menschliche Inkarnation sind wir scheinbar von diesem Glück getrennt. Maya hat es verhüllt und uns unzugänglich gemacht. So liegt es in jedermanns Natur, dieses Glück wiederzufinden.

Wie suchen die Menschen ihr Glück?

Die Menschen suchen das Glück mit ihren Sinnesorganen und den entsprechenden Sinnesobjekten. Sie jagen Geld, Erfolg, Vergnügen, Liebe und Glücksmomenten in der Welt hinterher.

Warum laufen die Menschen in der Welt äußeren Dingen hinterher? Warum möchten Sie sich zum Beispiel Konsumwünsche erfüllen?

Sie möchten etwas mit den Sinnen erfahren oder sich etwas aneignen, was sie begehren und hoffen, dass sie das dauerhaft glücklich macht.

Die Menschen suchen ihr ursprüngliches Glück und wissen nicht, wie sie zu ihm zurückfinden.

Sie wissen nicht um die Lösung. Sie wissen nicht, wer sie in Wirklichkeit sind.

Um dies herauszufinden, gibt es den Weg der Kontemplation, Meditation und des Advaita-Vedanta.

Was ist Advaita-Vedanta?
Advaita-Vedanta, die Lehre vom Einen ohne ein Zweites, ist ein Erfahrungsweg in die höchste Erkenntnis. Er bedeutet das Ende der Veden, das im höchsten SELBST mündet.
In den Veden wird unter anderem die Geschichte der Menschheit, die Mahabharata, erzählt. Wenn du den Weg des Advaita-Vedanta gehst, lernst du, diese Geschichte zu verstehen.

Du verstehst immer mehr, wie die Welt funktioniert, welche Prinzipien ihr zugrunde liegen und was es mit den Göttern auf sich hat. Du erfährst und verstehst, wie die Welt entstanden ist, was sie erhält und was sie zerstört.

Schließlich wirst du verstanden haben, dass das immer eine Wiederholung ist, die Leid hervorbringt, Samsara genannt.
Die Lösung, um aus diesem Kreislauf von Tod und Wiedergeburt herauszukommen, ist, die Welt zu transzendieren, indem du erkennst, wer du in Wirklichkeit bist.

„Nicht das Objekt macht dich glücklich,
sondern der Friede."

Warum können Konsum und Erfolgserlebnisse die Menschen nicht dauerhaft glücklich machen?
Weil es sich nur um das kurze Glück handelt. Der Friede ist

nur in dem Moment da, in dem die Menschen das begehrte Objekt bekommen, sei es eine Person, einen Gegenstand, eine Reise, ein Erfolgserlebnis etc. In dem Moment ist der „mind" leer und geht in die Leere ein.

Nur dann ist kurz Friede, Glück da. Das ist aber nicht die Lösung. Der nächste Wunsch, die nächste Idee wartet schon vor der Haustür.

Gilt das auch für Internet- und Medienkonsum?

Selbstverständlich. Du gehst ins Internet, weil du einen Wunsch hast, zum Beispiel nach Kontakten, nach Informationen, nach Unterhaltung oder Konsum etc.

Auch diese Wünsche gehören dazu. Dem SELBST ist es egal, welchen Wunsch du hast. Wunsch ist gleich Wunsch.

Glaubst du, dass alle Menschen unglücklich sind?

Nenne mir einen Menschen, der dauerhaft glücklich ist. Nenne mir einen Menschen, der nicht dem Glück in der Welt hinterherjagt, der keinen Wunsch, keine Idee mehr hat. Nenne mir einen Menschen, der kein „Ego" mehr hat. Denn nur dann kann man wirklich glücklich sein.

Kennst du einen?

Manchmal sagst du: „Ich bin wunschlos glücklich."

Das stimmt vielleicht für einen Moment, weil sich gerade ein Wunsch erfüllt hat, du im Moment nichts begehrst und damit kurz Friede eingekehrt ist.

Du befindest dich jedoch nur in einer Pause bis zum nächsten

Wunsch. Nicht das Objekt macht dich glücklich, sondern der Friede.

Dauerhaft glücklich bist du nur, wenn du herausgefunden hast, wer du in Wirklichkeit bist.

> *„Irgendwann kommst du darauf, dass dein wahres Glück nichts mit Wunscherfüllung zu tun hat, sondern einfach da ist und du dieses Glück bist. Es ist ganz simpel."*

Sollen wir lieber unsere Wünsche unterdrücken, um glücklich zu sein?
Nein. Das funktioniert nicht. Alles Unterdrückte kommt wieder zum Vorschein.

Was ist die Lösung?
Du musst dir nicht jeden Wunsch erfüllen und auch keine Wünsche unterdrücken.

Manche Gurus behaupten, dass vor der Befreiung erst alle Wünsche auslaufen müssen. Auch das ist nicht die Lösung. Du musst nicht solange warten, bis du keinen Wunsch mehr hast. Wünsche hören nie auf.

Die Lösung ist, die Wünsche zu transzendieren. Wenn Wünsche auftauchen, beobachte sie. Finde heraus, wo der Wunsch seinen Ursprung hat. Finde heraus, wer du bist. Hast du dies herausgefunden, sind alle Wünsche erfüllt. Dann erst kannst du dauerhaft glücklich sein.

Irgendwann kommst du darauf, dass dein wahres Glück nichts mit Wunscherfüllung zu tun hat, sondern einfach da ist und du dieses Glück bist. Es ist ganz simpel.

Sonst dreht sich das Rad des Lebens, Samsara, endlos weiter.

Für mich ist das nicht so einfach. Kannst du mir sagen, wie das geht?

Schaue, wo der Wunsch, die Idee herkommt. Damit transzendierst du das „Ego". Einen Wunsch gibt es nur, wenn es ein „Ich" gibt. Gibt es kein „Ich", gibt es kein „Ego" und keinen Wunsch. Begib dich auf die Suche, wer du in Wirklichkeit bist. Dann hören die Wünsche von alleine auf.

Du musst dich dafür nicht anstrengen. Du brauchst dich nicht zu geißeln, keine Wünsche zu haben.

Genauso wie du abends ins Bett gehst, einschläfst und es die Welt nicht gibt, weißt du irgendwann, dass es dich und deine Wünsche auch nicht gibt.

Ich habe immer nach Anerkennung, beruflichem Erfolg und materieller Sicherheit gestrebt. Wie verhält es sich hiermit?

Ein „Ich" sucht nach etwas, wünscht sich etwas und identifiziert sich mit dem Erfolg und dem Handelnden. Hinter all dem steckt Angst, „Ego".

In Wirklichkeit bist nicht du für deinen Erfolg und dein materielles Wohlergehen verantwortlich. Das ist die große Täuschung. Das ist Maya.

Der, der du in Wirklichkeit bist, ist jenseits von Erfolg und Misserfolg. Erfolg und Misserfolg finden lediglich in deinem „mind" statt.

Manchmal darf man es erfahren, dann erst kann man es verstehen.

„Erst wenn du verstanden hast, wer du in Wirklichkeit bist, bist du dauerhafter Friede und dauerhaftes Glück."

Du sagst immer, man solle die Wünsche transzendieren. Schafft denn jeder Wunsch Leid statt Glück?
Ja. Du läufst dem Glück von Wunsch zu Wunsch hinterher. Nie kehrt Ruhe ein. Mit deinen Wünschen dreht sich das Rad des Lebens - Samsara - immer weiter und weiter.

Erst wenn du verstanden hast, wer du in Wirklichkeit bist, bist du dauerhafter Friede und dauerhaftes Glück.

Trotzdem behaupten viele Menschen: „Mir geht es gut. Ich leide nicht." Warum gehen so wenige Menschen den Weg der Kontemplation und des Advaita-Vedanta?
Die meisten Menschen kennen den Weg des Advaita-Vedanta nicht. Sie wissen nicht, dass ihre eigentliche Natur Sat-Chit-Ananda ist. Auch wissen sie nicht, was ein Satsang ist und was er ermöglicht. Niemand hat ihnen das gezeigt.

Die Welt ist lauter, technischer und materialistischer geworden. Die Menschen haben das Spüren, Fein- und Mitgefühl verlernt. Sie sind im Außen unterwegs und können Stille nicht aushalten. Sie begeben sich nicht in Innenschau, Kontemplation.

Die Menschen haben sich von ihrer eigentlichen Natur weit entfernt und an Leid gewöhnt. Sie kennen es nicht anders. Sie sind abgestumpft und finden sich damit ab.

Um den Weg des Advaita-Vedanta zu gehen, braucht es das Verstehen und das Eingeständnis, dass Leben Leid ist, dass Körper und „mind" Begrenzungen sind. Erst dann macht man sich auf die Suche nach dem nie endenden Glück.

Was ist meine eigentliche Natur?

Pures, unbeschreibliches Glück. Finde es heraus.

Yogische Lebensart

„Satsang ist die Begegnung mit deinem SELBST. Es ist eine heilige Zusammenkunft. Im Satsang ist allein das SELBST. Wenn du dich dem SELBST hingibst, ist der `mind´ unmittelbar ausgelöscht."

Gibt es eine richtige Lebensweise, um das SELBST zu erkennen?

Dafür gibt es kein Konzept. Das Einzige, das nötig ist: Richte dich auf das SELBST aus und gebe dich ihm hin. Nimm an, was das Leben dir beschert, was es für dich vorgesehen hat. Kämpfe nicht dagegen. Das ist Hingabe, Bhakti.

Das SELBST freut sich, wenn du dich in Innenschau, Stille und Meditation begibst, deinem Herzen vertraust, achtsam und mitfühlend bist.

Fange an, alles zu beobachten, ohne dich zu identifizieren. Dabei kannst du herausfinden, wer der Beobachter ist, wer du in Wirklichkeit bist. Nur das SELBST kann das SELBST erkennen. Letztendlich wird es sich dir offenbaren.

Wie kann ich dauerhaft glücklich sein?

Das kannst du nur, wenn du dich mit Innenschau und Meditation auf die Suche nach dem SELBST begibst und den „mind" transzendierst.

In Satsangs und Retreats erheben sich Stille, Friede, Liebe, Glück. In der Stille kannst du den „mind" transzendieren und entdecken, wer du in Wirklichkeit bist und dauerhaft glücklich sein.

Wozu dienen Satsangs und Retreats genau?

Im Satsang triffst du deinen Satguru. Der Satguru ist das SELBST. Er ist ohne Name und ohne Form.

Satsang ist die Begegnung mit deinem SELBST. Es ist eine heilige Zusammenkunft. Im Satsang ist allein das SELBST.

Wenn du dich dem SELBST hingibst, ist der „mind" unmittelbar ausgelöscht.

Der Selbstverwirklichte ermöglicht die direkte Erfahrung, jenseits von Raum und Zeit.

Dafür brauchst du nichts zu tun, nur da zu sein. Stille, Glück und „beyond" erheben sich von alleine, ohne Anstrengung.

Sollten noch Fragen in deinem „mind" sein, werden sie liebevoll vom Satguru beantwortet.

In Retreats hast du die wunderbare Gelegenheit, dich für einige Tage von der lauten Welt zurückzuziehen, innezuhalten und Erfahrungen mit dem SELBST zu machen.

Dabei kannst du entdecken, dass Stille dein natürlicher Zustand ist. Alte Konditionierungen dürfen weichen und Frieden, Liebe und Glück Platz machen, Sat-Chit-Ananda.

„Dein Leben wird erfüllter, glücklicher und ohne Angst sein. Dann ist alles im `flow´."

Was ist, wenn ich nicht viel Zeit und nicht das Geld habe, um an Satsangs und Retreats teilzunehmen?

Wenn es deine innerste Sehnsucht ist, dich dem SELBST hinzugeben, nach Hause zu kommen, wird das SELBST dafür sorgen, dass du die Zeit und die Mittel dafür hast. Dann tun sich Gelegenheiten auf, die dir das ermöglichen.

Das SELBST unterstützt dich auf diesem Weg, weil es nichts anderes möchte, als dass du es wiedererkennst.

Manchmal bist du noch lieber in der Welt unterwegs. Das SELBST wird dich auf sich aufmerksam machen. Du brauchst nur auf die leisen, feinen Botschaften zu hören. Irgendwann ist die Zeit reif und es zieht dich zum Wissen.

Muss ich wie ein Yogi leben oder kann ich ein ganz normales Leben führen?

Es gibt weder ein Konzept für ein Yogi-Leben, noch für ein normales Leben. Man stellt sich unter einem Yogi-Leben vor, dass man asketisch, zurückgezogen oder in einem Ashram lebt. Dass man keine Familie oder keinen Partner hat.

Du musst dein bisheriges Leben nicht auf den Kopf stellen, deinen Job kündigen oder deine Familie verlassen. Das ist nicht notwendig. Damit würdest du erneut Leid schaffen.

Es geht um etwas, das von allen Dogmen und somit auch davon unabhängig ist.

Wenn du einmal diesen Nektar gekostet hast, wird es dich immer wieder zum Nektar hinziehen. Die Stille, die Meditation, das Sitzen, der Satsang werden dich magnetisch anziehen.

Dafür musst du kein spezielles Leben führen. Es geschieht von alleine, ohne Konzepte. Das Leben in der Welt wird für dich automatisch weniger verlockend sein. Du wirst das andere mehr und mehr lieben.

Dein Leben wird erfüllter, glücklicher und ohne Angst sein. Dann ist alles im „flow".

Gib dich dem Leben hin und richte dich in deinem Alltag auf das SELBST aus. Widme jeden Tag eine gewisse Zeit ausschließlich „dir" SELBST. Damit kannst du dein „Ego" hinter dir lassen.

Das macht den eigentlichen Yogi aus. Der wahrhaftige Yogi hat sich lediglich dafür entschieden, das „Ego" zu transzendieren. Das ist die eigentliche yogische Lebensart.

> *„Der wahrhaftige Yogi hat sich lediglich dafür ent-*
> *schieden, das `Ego´ zu transzendieren. Das*
> *ist die eigentliche yogische Lebensart."*

Viele Menschen können ihren Körper nicht richtig wahrnehmen, achten nicht auf ihre Gesundheit und ihre Gefühle. Ist das hinderlich?

Ja. Nur mit einem menschlichen Körper kannst du das große Glück, Sat-Chit-Ananda spüren. Nur mit einem menschlichen Körper kann das SELBST verwirklicht werden.

Wenn der Körper krank ist, kannst du dich nicht so gut auf das SELBST ausrichten, weil du mit der Krankheit beschäftigt bist.

35

Gehe achtsam mit deinem Körper um. Der Körper ist der Tempel des SELBST.

Spüre, wie sich der Körper anfühlt und wie es dir innerlich, emotional geht. Je besser dein körperlicher und emotionaler Zustand, umso leichter ist die Meditation und das Sitzen.

Sollte man Hatha-Yoga machen?
Yoga macht geschmeidig, klärt die Nadis und lässt dich Glück erahnen oder spüren.

„Der Körper ist der Tempel des SELBST."

Wie sieht es mit Atemübungen aus?
Atemübungen helfen dir, Lebensenergie zu kontrollieren. In Pranayama ist auch noch ein Geheimnis enthalten.

Können Hatha-Yoga und Atemübungen zur Selbstverwirklichung führen?
Beides sind Methoden zur Konzentration, zur Beruhigung und für das Gleichgewicht von Körper und Geist.

Das SELBST kannst du damit nicht unbedingt verstehen. Das würde eine Ewigkeit dauern. Für die Selbstverwirklichung musst du mit allen Beschäftigungen aufhören, Yoga und Atemübungen transzendieren und still sein.

„Freiheit bedeutet zu wissen, wer man ist und nicht die Freiheit, alles tun oder lassen zu können, was man will. Das wird oft falsch verstanden."

In unserer Gesellschaft erwarten viele Menschen, dass sie mit Medikamenten und Operationen gesund gemacht werden, wenn sie krank sind. Was sagst du zu dieser Einstellung?

Die Menschen ziehen Symptombeseitigung vor, um möglichst schnell in ihren Alltag zurückzukehren und keinen Schmerz zu spüren.

Sie vermeiden es, sich mit Leid und der Ursache ihrer Krankheit zu beschäftigen. Sie möchten so weiterleben wie bisher, weiterhin funktionieren und Spaß haben. Sie haben Angst vor Veränderung.

Möchten sie wirklich gesund werden, müssen sie sich auf den Weg machen, die Krankheit zu verstehen und gegebenenfalls ihre Lebensweise ändern.

Sind Krankheiten ein Anzeichen, sich spirituell auf den Weg zu machen?

Bevor der Körper krank wird, ist die Seele bereits krank. Der Körper ist das unterste Glied und vorher leidet schon der ganze Mensch.

Es ist Karma, wenn du ernsthaft krank wirst. Du kannst dir anschauen und dich hinterfragen, ob dein Leben für dich richtig und stimmig ist oder ob du tief in dir drin leidest.

Oft ist es so, dass du nicht authentisch, zu materialistisch oder zu außenorientiert lebst und deine eigene Göttlichkeit, das SELBST, ignorierst.

Die Erkrankung ist ein Ruf des SELBST nach sich SELBST. Viele Menschen begeben sich, wenn sie krank oder in einer anderen Krise sind, auf die spirituelle Reise.

Ist Befreiung möglich, wenn man in einer abhängigen Stellung erwerbstätig ist?
Warum nicht? Das hat damit nicht viel zu tun. Die Freiheit, um die es geht, ist eine ganz andere Freiheit.
Freiheit bedeutet zu wissen, wer man ist und nicht die Freiheit, alles tun oder lassen zu können, was man will. Das wird oft falsch verstanden.

> *„Sie nennen es Realitätsflucht. Sie halten nur das, was sie mit ihren Augen sehen ... für die Wirklichkeit. Die eigentliche Realität, ihre eigene Göttlichkeit erahnen sie nicht im geringsten."*

Ist Spiritualität nicht eine Art der Verdrängung? Dass man den Anforderungen des modernen Lebens aus dem Weg gehen möchte?
Das könnte der „mind" so denken. Damit wertet ein Teil der Gesellschaft die Spiritualität ab. Die Welt ist auf Funktionieren ausgerichtet und nicht auf die Suche nach sich SELBST. Wenn sich jemand auf die Suche macht, wird das in der Gesellschaft nicht selten als Realitätsflucht oder Spinnerei bezeichnet.
Sie nennen es Realitätsflucht. Sie halten nur das, was sie mit ihren Augen sehen oder mit ihren Händen anfassen können

und ihre Welt des Funktionierens für die Wirklichkeit. Die eigentliche Realität, ihre eigene Göttlichkeit erahnen sie nicht im geringsten.

Nein, habe keine Angst davor, wenn du ernsthaft auf dem Weg bist, ist das keine Verdrängung. Dein Körper wurde eigens dafür gemacht. Es ist der Zweck deines Daseins.

„Die Befreiung ist erst möglich, wenn du ... die Wünsche hinter dir gelassen hast. Letztlich sogar den Wunsch nach Befreiung selbst."

Welche Rolle spielen Hobbys und Freizeitbeschäftigungen auf dem Weg der Befreiung?

Mit Hobbys und Freizeitbeschäftigungen lenkst du dich vom Eigentlichen ab. Du bist mit Sinneserfahrungen und der Erfüllung von Wünschen beschäftigt anstatt mit dir, deiner eigenen Göttlichkeit.

Du schiebst die Innenschau auf. Die Befreiung ist erst möglich, wenn du die Sinneserfahrungen und Wünsche hinter dir lässt. Letztlich sogar den Wunsch nach Befreiung.

Soll ich mir die Befreiung nicht wünschen?

Doch. Zunächst ist das der sinnvollste Wunsch unter all deinen Wünschen. Wenn der Wunsch nach Befreiung so groß ist und du dich dem SELBST hingibst, kannst du diesen Wunsch wieder vergessen.

Dann bist du schon im Rachen des Löwen. Ohne diesen Wunsch und ohne die Suche nach deinem Satguru ist Befreiung nicht möglich. Lasse dein Herz dafür brennen, dann musst du dich nicht um die Flamme kümmern. Das SELBST sorgt von alleine für den Rest.

Ich möchte nach außen einen guten Eindruck erwecken.
Dein „Ego" sucht Bestätigung. Höre auf damit. Du wirst im Außen nie genug Bestätigung bekommen, dass deine Seele davon satt werden kann.
Mache dich nicht abhängig von Lob und Anerkennung. Auch sie werden dir nicht bleiben und dich nicht dauerhaft glücklich machen.

„Für das höchste Brahman musst du die Erfahrungen hinter dir lassen. Das höchste Brahman ist jenseits der Erfahrungen, jenseits der Sinne."

Muss ich für Moksha auf eine Partnerschaft verzichten?
Das musst du nicht. Du musst nur auf dein „Ego" verzichten. Das ist der einzige Verzicht, der für die Befreiung nötig ist. Sehe in deinem Partner immer das SELBST.

Manche Menschen gehen den Weg der Spiritualität, um sich ein schönes Leben zu machen. Sie nehmen z. B. an Yoga-Urlauben oder meditativen Trommelworkshops teil

oder suchen Geselligkeit in spirituellen Gruppen. Was ist von diesen Veranstaltungen zu halten?

Es geht dabei meistens mehr um Spaß, Beziehungen, schöne Gefühle und sonstige Sinneserfahrungen als um Gott, das Sein und das SELBST.

Warum nicht, wenn man die eigentliche Suche aufschieben möchte?

Für das höchste Brahman musst du die Erfahrungen hinter dir lassen. Das höchste Brahman ist jenseits der Erfahrungen, jenseits der Sinne.

„Wenn du weißt, wer du bist, bist du ein Segen für die Welt und für alle Lebewesen."

Ich möchte die Welt verändern, die Welt verbessern. Was gibst du mir mit auf den Weg?

Hör auf damit. Das ist nicht möglich.

Du musst und kannst die Welt nicht verändern oder verbessern. Es ist nicht dein Job. Du würdest nur mit deinem „Ego" beschäftigt sein.

Kümmere dich lieber um dein SELBST und transzendiere das „Ego". Schaue, wo alles herkommt. Alles Schöne und auch das Nicht-Schöne. Finde heraus, wer du bist. Wenn du weißt, wer du bist, bist du ein Segen für die Welt und für alle Lebewesen.

Das SELBST ist unveränderlich und unendlich schön. Das ist

41

deine wahre Natur. Daran kannst und brauchst du nichts verändern. Die Welt verändern zu wollen, ist ein „Ego"- Bedürfnis
und eine Anmaßung.

„Das SELBST ist unveränderlich und unendlich schön.
Das ist deine wahre Natur. Daran kannst und
brauchst du nichts verändern."

ॐ

Mitgefühl und
Verzeihen

*„Mit Mitgefühl und Empathie stellst du eines
Tages fest, dass der Andere du selbst bist."*

Was ist überhaupt Mitgefühl und wozu ist es nötig?

Mitgefühl ist, wenn du dich in den Anderen hineinfühlen
kannst. Wenn du weißt, wie er sich in einer bestimmten Situation fühlt. Du freust dich mit ihm, wenn er fröhlich ist und
spürst seinen Kummer, wenn es ihm nicht gut geht.

Aus Mitgefühl und Empathie unterlässt du manche Handlung, die einem Anderen weh tun könnte.

Bist du als „Ego" unterwegs, hast du kein Mitgefühl für den
Anderen. Du denkst an deinen eigenen Vorteil. Das schafft
Leid, Konflikte und Streitigkeiten. Sie erzeugen Trennungen,
sind Dualität. Ohne Empathie ist keine Liebe und Einheit
möglich.

Mit Mitgefühl und Empathie stellst du eines Tages fest, dass
der Andere du selbst bist. Irgendwann auf deiner spirituellen
Reise bist du das Mitgefühl. Es ist dann nichts, was du für einen
anderen hast.

Ganz zum Schluss wird das Mitgefühl im SELBST absorbiert.

Worin liegt der Unterschied zwischen Verstehen und Mitgefühl?

Verstehen wollen findet im „mind" statt. Du analysierst und
suchst Erklärungen. Dein „mind" ist aber ein anderer als der
deines Gegenübers. Du wirst ihn nie verstehen können. Wenn

du den Wunsch hast, den Anderen zu verstehen oder vom Anderen verstanden zu werden, sucht dein „Ego" nach Bestätigung.

Im Gegensatz dazu ist wahres Mitgefühl jenseits vom „mind". Es ist dein ureigenster Zustand. Das bist du.

„Liebe kennt keine Absichten."

Mein Vater hat mich als Kind benachteiligt. Ich fühle mich heute noch ungerecht von ihm behandelt. Wie kann ich ihm deutlich machen, dass er mehr Rücksicht auf mich nimmt?

Das brauchst du nicht. Das kannst du auch nicht. Aber du kannst dich auf Loslassen ausrichten. Du kannst anfangen, „dich" lieben zu lernen. Suche das SELBST, dich SELBST.

Dann nimmt die Liebe automatisch zu. Irgendwann ist sie so groß, dass du die Liebe bist und es keiner Liebesbekundungen mehr bedarf.

Meist ist es so, dass sich dieses Problem von alleine löst und sich das Verhältnis zu deinem Vater ins Positive verändert. Entweder gibt er dir seine Zuwendung oder du brauchst sie nicht mehr.

Ich habe den Eindruck, dass ich immer mehr gebe als ich zurück bekomme. Wie kann ich mich verhalten?

Du gibst nicht selbstlos. Du gibst, weil du etwas zurückhaben möchtest. Liebe kennt keine Absichten.

Gebe lieber nicht, wenn du etwas bekommen möchtest. Gebe aus Selbstlosigkeit und ohne Intention – ansonsten ist es ein Geschäft.

> *„Indem du annimmst, was das in dir aus-*
> *löst, hast du automatisch Frieden."*

Manche Menschen gehen Konflikten lieber aus dem Weg, weil sie sich vor den Konsequenzen fürchten. Ist das eine gute Strategie?
Hier ist jemand im „mind" und lässt sich nicht führen. Dein Herz zeigt dir immer den richtigen Weg - ob du „fünf gerade sein" lassen oder etwas richtigstellen sollst.
Dein Herz scheut keinen Konflikt, der nötig ist und schweigt, wenn das die bessere Option ist. Das SELBST kennt keine Angst. Einem Konflikt aus Angst vor den Konsequenzen aus dem Weg zu gehen, ist „mind", „Ego".
Das Thema wird dich einholen, wenn es vom Herzen her einer Klärung bedarf. Du warst dir und dem SELBST nicht treu. Du hast das Problem aufgeschoben und nicht gelöst. Du gehst den vermeintlich leichteren Weg.

Ich möchte gerne wissen, warum mein Gegenüber wütend auf mich war und mich verletzt hat.
Du musst nicht wissen, warum dein Gegenüber wütend auf dich war und dich verletzt hat. Es geht nicht darum, dass du den Anderen analysierst oder durchschaust.

Er hat seine eigenen Gründe, die mit dir nichts zu tun haben, sondern mit seiner Geschichte und mit seinen Prägungen. Du musst den Anderen nicht verstehen. Das kannst du nicht.

Du wirst nie herausbekommen, warum der Andere ist, wie er ist. Das hilft auch nicht. Das ist nur für den „mind".

Bleibe bei dir. Du brauchst dich nicht mit dem Anderen zu beschäftigen. Indem du annimmst, was das in dir auslöst, hast du automatisch Frieden.

Du kannst dabei deinen „mind" transzendieren. Manchmal dauert das ein bisschen, manchmal geht es schneller.

„Vom SELBST aus ist kein Verzeihen möglich und nötig, denn der Andere und du sind eins."

Ist es nicht egoistisch, wenn ich mich nur mit mir selbst beschäftige?

Aus deiner Sicht mag es so scheinen. Du verwechselst das „Ego" mit dem SELBST. Solange du nicht verstanden hast, glaubst du, dass du dich ausschließlich um dich selbst, dein „Ego", drehst. Das Gegenteil ist der Fall. Mit der „SELBST-Beschäftigung" transzendierst du das „Ego".

Was mache ich, wenn mich jemand um Verzeihung bittet?

Der, der dich um Verzeihung bittet, sucht nach einer Absolution für sein Verhalten. Die Bitte um Verzeihung dient seinem eigenen „Ego", weil er glaubt, der Handelnde zu sein. Er identifiziert sich mit seiner Tat, kann sein Verhalten schlecht annehmen und möchte sich besser fühlen.

Wenn er aber nicht an Mitgefühl gewinnt, wird er es bei nächster Gelegenheit genauso machen.

Vom SELBST aus ist kein Verzeihen möglich und nötig, denn der Andere und du sind eins. Jedoch kannst du ihm auf menschlicher Ebene aus Liebe trotzdem verzeihen, weil du damit loslässt und Mitgefühl zeigst.

Verzeihe ihm einfach und lasse dich überraschen, was passiert.

Mir fällt diese Art von Verzeihen schwer. Wie geht das?

Richte dich auf Loslassen aus. Wenn dir das schwerfällt, stecken Trauer, Schmerz, Groll oder ähnliche Emotionen in dir. Du identifizierst dich mit diesen Gefühlen, sie binden.

Du hast zwei Möglichkeiten. Die erste ist: Spüre diese unangenehmen Gefühle. Nimm sie an, bis sie ausgelaufen sind. Oder: Distanziere dich von ihnen, indem du sie beobachtest und erkundest, woher sie stammen.

Dann kommt der Friede und du brauchst nicht mehr zu verzeihen.

Mit der Selbstverwirklichung wirst du erkennen, dass du niemandem verzeihen kannst und dass nicht du es bist, der loslässt.

Mit der Selbstverwirklichung weißt du, wer du wirklich bist, ohne Name und ohne Form. Du weißt, dass es die zwei „Egos" nicht gibt, die miteinander ringen.

Du bist nicht mehr identifiziert. Du hast Trauer, Schmerz, Groll sowie andere Emotionen und das „Ego" transzendiert.

> *„Ich bin dieser Urgrund, Sat-Chit-Ananda,*
> *und lasse den Lebensfilm ablaufen."*

Heißt das, dass ich mich nach der Selbstverwirklichung nicht ärgere?
Du ärgerst dich und du ärgerst dich nicht. Du bist frei. Du weißt, dass du der Urgrund von allem bist und nicht der Ärger.
In jedem Moment bist du dir, egal was ist, deiner Wirklichkeit, Sat-Chit-Ananda gewahr.

Woher weißt du, dass du in jedem Moment der Urgrund bist?
Es wurde mir gezeigt. Zum ersten Mal vor vielen Jahren in einer existenziell bedrohlichen Situation. Es war nur der stille Zeuge, es war nur Glück da.
Ich durfte verstehen, dass „dem", „der" ich wirklich bin, nie etwas passieren kann, dass „er" nicht verletzt werden kann, dass er weder geboren ist noch sterben kann.

Ich sollte immer mehr verstehen, dass ich der stille Zeuge, dass ich pures Glück bin. Dass ich unabhängig von Freude und Leid, Unruhe, Ärger und Schmerz bin.

Sat-Chit-Ananda war von nun an in seiner ganzen Schönheit präsent, auch in schwierigen Momenten.

Seitdem sind Stille und Urgrund in jedem Moment - egal, was im Außen ist, egal, was ich tue - immer und allgegenwärtig das Einzige, was wirklich ist.

Ich bin dieser Urgrund, Sat-Chit-Ananda, und lasse den Lebensfilm ablaufen. Das ist das große Spiel.

Karma

„Darfst du irgendwann erfahren, dass du nie gehandelt hast, ist jede Handlung die perfekte Handlung."

Gibt es überhaupt Karma?

Solange du glaubst, der Handelnde zu sein, gibt es Karma.

Dennoch haben viele Menschen Angst vor schlechtem Karma. Sie glauben, perfekt handeln zu müssen. Gibt es eine perfekte Handlung?

Solange du Angst hast, bist du nicht frei. Mit der Befreiung schwindet deine Angst.

Solange du glaubst, perfekt handeln zu müssen, siehst du dich als Handelnden. Das ist „Ego". Wenn du perfekt handeln möchtest, glaubst du, dass du der Verantwortliche für deine Handlung bist, dass du alles im Griff hast und du der große Macher bist. Das ist Unwissenheit.

Mit der Erleuchtung stellst du fest, dass du niemals gehandelt hast, niemals handeln konntest. Du erfährst, dass du Gottes, Brahmans Werkzeug bist, dass Brahman durch dich handelt - in jedem Moment.

Darfst du irgendwann erfahren, dass du nie gehandelt hast, ist jede Handlung die perfekte Handlung. Du weißt, dass das SELBST immer durch dich handelt. Und das ist immer perfekt. Das ist die perfekte Handlung.

„Auf dem Weg zu seinem Ursprung wird man von alleine ein besserer Mensch. Es ist der Weg der Liebe."

Heißt das, dass man alles machen kann? Zum Beispiel jemanden verletzen oder schaden?

Nein. Da wurde etwas nicht verstanden. Erst mit der Selbstverwirklichung gibt es kein „Ego" mehr. Nur ein „Ego" tut unrecht. Man tut Unrecht, wenn man nicht im Mitgefühl ist.

Je größer das „Ego", umso weniger Mitgefühl.

Große „Egos" sind meist in ihrer Kindheit stark verletzt worden oder tragen Verletzungen aus einem anderen Leben in sich. Manchmal ist es eine ihrer ersten Inkarnationen als Mensch und sie benehmen sich wie wilde Tiere.

Wenn sich zum Beispiel ein solch großes „Ego" auf die spirituelle Reise macht und sich dem SELBST hingibt, darf auch er irgendwann verstehen.

Wenn er sich auf Kontemplation und Meditation einlässt, hat er die Chance zu mehr Mitgefühl und Empathie. Er hat die Möglichkeit, sein Bewusstsein zu erweitern und ein besserer Mensch zu werden.

Auf dem Weg zu seinem Ursprung wird man von alleine ein besserer Mensch. Es ist der Weg der Liebe.

Diese Menschen haben oft wenig Liebe erfahren. Deswegen ist auch ihnen mit Mitgefühl zu begegnen. Zeige ihnen ihre eigene Schönheit. Sie sind nichts anderes als das EINE. Sie sind nichts anderes als du.

> *„Wenn du ... jemand anderem etwas antust, weißt du*
> *in diesem Moment nicht, dass du der Andere bist."*

Warum soll ich niemandem weh tun?

Weil du dir damit selbst weh tust. Es gibt keine Trennung zwischen dir und dem Anderen. Der Andere bist du.

Wenn du jemandem weh tust, muss das früher oder später auf dich zurückfallen. Je näher du am Ursprung bist, desto weniger Karma hast du. Umso schneller findet der Ausgleich statt.

Niemandem weh zu tun, ist sehr schwierig, so lange es ein „Ego" gibt.

Warum gelten karmische Gesetze?

Die karmischen Gesetze gelten in Raum und Zeit. Du bist vermeintlich aus der Einheit gefallen und identifizierst dich als „Ich", als „Ego", als Name und Form.

Wenn du - als „Ego" - jemand anderem etwas antust, weißt du in diesem Moment nicht, dass du der Andere bist. Wärst du dir dessen bewusst, kannst du dem Anderen keinen Schaden zufügen.

Du lebst in der Trennung, Dualität. In der höchsten Wirklichkeit gibt es die Trennung nicht. Deshalb fällt diese Handlung irgendwann auf dich zurück.

Wenn du Unrecht tust und es wird dir nicht zeitnah aufgezeigt, ist das ein Zeichen, dass du noch weit vom Ursprung entfernt bist. Wenn du weißt, dass du nicht der Handelnde bist, bist du jenseits von Karma.

Ich fühle mich oft schuldig, wenn ich etwas falsch gemacht habe.
Ja. Du glaubst, der Handelnde zu sein.

„Du identifizierst dich als Handelnder, mit `Ego´ und `mind´. Das ist die eigentliche Hölle."

Manchmal ertappe ich mich, dass ich neidisch bin.
Auch das ist „Ego" und Dualität. Dein „Ich" sieht Dinge im Außen und fühlt sich vom Objekt der Begierde getrennt.
Du bist am Vergleichen, fühlst Unbehagen, weil du vermeintlich etwas entbehren musst und hast keinen Frieden.
Du denkst, dir fehlt etwas für dein Glück. Du möchtest haben, was der andere hat.
Hierfür gilt ebenso: Sei dir deines Neides bewusst, beobachte deine Wünsche und Neigungen, lasse los, gönne und sei still. Erforsche, wer du bist. Das SELBST kennt keinen Neid, im SELBST sind alle Wünsche erfüllt.

Kann ich in die Hölle kommen?
Die Hölle, wie du sie siehst und vor der du Angst hast, ist Karma. Nach dem karmischen Gesetz kommt alles auf dich zurück, was du anderen antust.

Du hast Angst, für schlechte Taten in die Hölle zu kommen. Du identifizierst dich als Handelnder, mit „Ego" und „mind". Das ist die eigentliche Hölle.

Transzendierst du den „mind", gibt es Himmel und Hölle nicht. Der, der du bist, ist jenseits von Gut und Böse, jenseits von Himmel und Hölle.

Mit der Erleuchtung hast du Himmel und Hölle transzendiert und die Angst ist verschwunden.

Ich habe Himmel und Hölle in Meditationen genauso wie andere Lichtgestalten erfahren, wie z.B. die Götter, die Planeten, Shiva-Lingams und die religiösen Symbole.

Himmel und Hölle sind auch nur Konstrukte im „mind", genauso wie alle anderen Erscheinungen.

„Könnten die Menschen ihren `mind´ transzendieren, wären sie sofort aus der Hölle befreit."

Hast du den Himmel wirklich erfahren? Wie war das?

Ich durfte mehrmals erleben, wie ich in den Himmel gezogen wurde. Es begann mit Loslassen. Nicht, dass ich losließ. Es ließ von alleine los und nahm mich mit. Der Körper wurde ganz weich, durchlässig und immer wonnevoller. Die Ekstase und die Wonne waren über Stunden hinweg unbeschreiblich groß.

Während ich durch eine honigsüße, goldene Masse gezogen wurde, wurden Wonne und Ekstase immer größer und ich kam im Himmel an, in einer lieblichen, mittelalterlichen, goldenen Himmelsstadt voller Glückseligkeit.

Gibt es den Himmel wirklich schon auf Erden?
Ja. Du musst nicht warten. Fange an, das SELBST zu lieben und der Himmel auf Erden wird sich offenbaren.

Du hast auch die Hölle erfahren? Wie war das?
Die Hölle kann man auf unterschiedliche Weise erfahren, je nach Karma.

Einmal erfuhr ich die Hölle als eine Ansammlung von leidenden Menschen, die sich flehend und schreiend in einem engen, geschlossenen und heißen Raum aufhielten.

Als ich mit alldem verschmolz, war dies vorbei und es wurde wunderschön. Ich verstand, dass der „mind" die Hölle ist und es die Hölle nur im „mind" gibt. Könnten die Menschen ihren „mind" transzendieren, wären sie sofort aus der Hölle befreit.

„Hast du keinen Wunsch mehr, dann hast du kein
`Ich´ mehr, dann hast du auch kein Karma mehr.
So einfach ist das."

Was bedeutet es, Himmel und Hölle zu transzendieren?
Wie gesagt, Himmel und Hölle sind, wie alle anderen Erscheinungen, „mind". Sie finden in deinem Bewusstsein statt. Ihr Urgrund ist, wie für alles andere, das SELBST.

Mit der Selbstverwirklichung lässt du „mind" und Bewusstsein hinter dir. Der, der du bist, ist jenseits von Bewusstsein, jenseits von „mind" und damit auch jenseits von Himmel und Hölle. Am Ende weißt du, dass du nicht der Handelnde bist und daher weder in den Himmel noch in die Hölle kommen kannst. Dann hast du beides und alles andere transzendiert.

Wie hängt Karma mit der Wiedergeburt zusammen?
Es gibt keine Wiedergeburt. Es gibt weder Geburt noch Tod. Das musst du verstanden haben. Solange du das nicht verstehst, gelten die Prinzipien von Ursache und Wirkung, Karma und Samsara.
Ein einziger unerfüllter Wunsch ist die Ursache der nächsten vermeintlichen Wiedergeburt. Du wirst vermeintlich so lange wiedergeboren, bis du entdeckt hast, wer du bist.

Was haben Wünsche mit Karma zu tun?
Dich und das Karma gibt es nur aufgrund deiner Wünsche, aufgrund deiner Identifizierung mit dem individuellen „Ich". Hast du keinen Wunsch mehr, dann hast du kein „Ich" mehr, dann hast du auch kein Karma mehr. So einfach ist das.
Ursache und Wirkung – Karma und Samsara - haben immer etwas mit deinen Wünschen zu tun. Willst du nur noch herausfinden, wer du bist, baust du kein Karma mehr auf.
Ganz zum Schluss lässt du noch den allerletzten Wunsch los, diesen allerletzten Wunsch, herauszufinden, wer du bist. Auch der fällt dann von dir.

„Etwas ganz anderes in dir lässt los, wenn du dich ihm zuwendest ... So darf Loslassen einfach stattfinden."

Mich plagen unangenehme Gefühle, wie Trauer, Neid, Groll und Scham. Mir gelingt es nicht loszulassen. Immer muss ich an die Vergangenheit denken.

Das sind Emotionen, Neigungen. Du hängst am Körper und an der Vergangenheit. Dein „mind" kommt nicht zur Ruhe, kennt keine Ruhe und ist unentwegt mit etwas beschäftigt, meist mit einem Wunsch.

Du kannst Loslassen nicht erzwingen, denn nicht du bist es, der loslässt. Bemühe dich nicht und schelte dich nicht, wenn dir Loslassen nicht gelingt. Etwas ganz anderes in dir lässt los, wenn du dich ihm zuwendest. Sei still. So darf Loslassen einfach stattfinden.

Auf deiner Reise zum SELBST, wirst du immer erfüllter. Am Ende sind alle Wunscherfüllungen in dir.

Muss alles Karma wirklich zu Ende sein, um Moksha zu erreichen?

Karma gibt es, weil du dich mit Körper und „mind" identifizierst. Wenn du dich nicht auf den Weg nach Hause machst, wird Karma weiterlaufen.

Es gibt dann immer Ursache und Wirkung, Ursache und Wirkung, Ursache und Wirkung. Von Leben zu Leben. Es hört nie auf.

Die einzige Möglichkeit, aus diesem Kreislauf von Tod und Geburt herauszukommen, besteht darin zu erforschen, wer du bist. Wenn das SELBST merkt, dass die Liebe zum SELBST, die Sehnsucht und die Hingabe so groß sind, waltet von Einzelfall zu Einzelfall Gnade und dein Karma erlischt. Das ist das Ende von Samsara. Das ist Moksha.

Das, was in diesem Leben noch passieren muss, passiert einfach.

Kann ich mein eigenes Schicksal gestalten?
Du stellst dir dein Leben im „mind" vor. Wenn du damit aufhörst, weißt du, wer der Gestalter ist.

Spiritualität

„... die Botschaften des Satgurus kommen aus seinem Herzen, vom SELBST. Sie offenbaren dir das SELBST."

Was ist für meine Spiritualität wichtig?
Die Hingabe an das SELBST. Die Bereitschaft dein „Ego", deine Erfahrungen zu opfern.

Was meinst du mit Hingabe an das SELBST?
Hingabe an das SELBST ist, sich führen zu lassen, dem Herzen zu lauschen und zu vertrauen.
Auch die Botschaften des Satgurus kommen aus seinem Herzen, vom SELBST. Sie offenbaren dir das SELBST.
Selbst wenn der „mind" nicht versteht, dein Herz versteht immer.

Wie merke ich, dass das Herz versteht?
Wenn dein Herz aufgeht, es berührt ist, du berührt bist und es ein inneres „Ja, so ist es." gibt. Du merkst: „Endlich spricht jemand aus, wonach ich mich so lange gesehnt habe."
Dieses Verstehen kommt nicht vom „mind". Du musst dein Herz nehmen, um zu hören, zu sehen und alles andere zu verstehen.

Muss ich dazu in mein Herz spüren?
Am Anfang ja. Da gibt es noch dein Herz und den „mind" sowie innen und außen. Du bist durch deine Konditierun-

gen so sehr im „mind", dass du den Zugang zu deinem Herzen verloren hast.

Wenn jemand zu sehr im „mind" gefangen ist, sage ich ihm: „Rutsche eine Etage tiefer. Rutsche ins Herz."

Später, wenn die Dualität transzendiert ist, gibt es kein Innen und kein Außen und auch nicht das Herz. Dann gibt es nur das SELBST. Du nimmst die Welt über dieses EINE wahr und nicht über den Kopf oder ein separates Herz. Alles ist dann „Herz" oder SELBST oder „beyond".

„Begegnungen mit einem Verwirklichten sind Begegnungen mit deiner eigenen Heiligkeit. Dein eigenes SELBST wird dir unmittelbar gespiegelt und kommt in dir zum Leuchten."

Muss man in einem Ashram leben, um das SELBST zu erfahren?

Wenn du das möchtest, warum nicht? Um das SELBST zu erfahren, musst du nicht in einem Ashram leben und dein Leben hinter dir lassen. Du musst dich nur dem SELBST hingeben, egal wo.

Warum sind Begegnungen mit einem Verwirklichten für mich so wichtig?

Begegnungen mit einem Verwirklichten sind Begegnungen mit deiner eigenen Heiligkeit. Dein eigenes SELBST wird dir unmittelbar gespiegelt und kommt in dir zum Leuchten.

Braucht es Askese?

Es kommt darauf an, was du unter Askese verstehst. Wenn du darunter verstehst, dich von der Welt zurückzuziehen, auf alles zu verzichten und im Rückzug trotzdem an die Welt denkst, noch Wünsche oder Begierden hast, ist das nicht die richtige Askese.

Du brauchst dich für die Verwirklichung nicht zu geißeln. In der einsamen Höhle, vom Satguru getrennt, kannst du nicht wissend werden. Die einzige Askese, die nötig ist, ist, sich vom „Ego" zu verabschieden.

Sollte ich fasten?

Du kannst fasten, aber nicht mit der Intention und in der Illusion, dass die Diät zur Selbstverwirklichung führt. Ernährung und Fasten sind Körper und „mind".

Am Ende transzendierst du beides und weißt, dass du weder Körper noch „mind" bist.

Dennoch ist dein Körper der Tempel des SELBST. In einem reineren Körper, der nicht von Krankheit und Schmerzen abgelenkt ist, ist es leichter zu sitzen, zu meditieren, das große Glück zu spüren, den Körper zu transzendieren und das SELBST zu erkennen.

Du kannst prüfen, ob dein Körper einer Diät bedarf und gegebenenfalls deine Ernährungsweise umstellen.

Mit einer Nulldiät allein verstehst du nicht, wer du in Wirklichkeit bist. Du versuchst mit dem Fasten, die Konditionierungen in den Körperzellen auszulöschen. Der „mind" kämpft gegen den „mind".

„Das SELBST braucht weder ein Ritual noch eine Übung noch ein sonstiges Kunststück, weil es schon da ist ..."

Gehört Verzweiflung zur spirituellen Entwicklung?
Verzweiflung ist ebenfalls „mind". Oft werden Menschen, die verzweifelt sind, spirituell. Ohne Leid erfahren zu haben, machen sich die wenigsten auf den Weg zum höchsten SELBST.

Habe ich mehr Erfolg, wenn ich ein spirituelles Leben führe?
Wenn du dich führen lässt, ist jeder Moment richtig. Das ist der eigentliche „Erfolg".

Braucht es für meine spirituelle Entwicklung Rituale und Übungen?
Wenn du glaubst, du müsstest dich spirituell entwickeln, braucht es eine Übung. Solange du glaubst, du bist vom SELBST entfernt, musst du üben. Dann übe einfach.
Es ist ein Irrtum zu glauben, man müsse etwas tun, üben, etwas erreichen, irgendwohin kommen oder sonst etwas bekommen.
Dieses „Erreichen wollen" und „Haben wollen" sind Prägungen, Wünsche. Genau diese gilt es zu transzendieren.

Das SELBST braucht weder ein Ritual noch eine Übung noch ein sonstiges Kunststück, weil es schon da ist und nicht erreicht werden kann.

Es genügt, still zu sein und sich auf das SELBST auszurichten. Verbringe jeden Tag einige Zeit mit dir SELBST. Das ist das Einzige, das nötig ist.

Götter und religiöse Traditionen

„So sehr du die Götter lieben und verehren magst, am Ende musst du sie loslassen und transzendieren."

Wozu dienen Mantras? Muss ich Mantras rezitieren?

Mantras sind heilige Silben. Mit dem Rezitieren eines Mantras möchtest du dich mit dem Feinstofflichen, dem Göttlichen oder einer bestimmten Gottheit verbinden.

Das ist bei einem unruhigen „mind" hilfreich, der noch nicht im Atman bleiben kann. Der „mind" ist dann nur mit dem Mantra beschäftigt und denkt bestenfalls an nichts anderes.

Du kannst das Mantra solange rezitieren, bis du damit vollständig verschmolzen bist, bis du es vollständig integriert hast.

Auf deiner Reise zum SELBST wird es irgendwann still. Dann verschwindet das Mantra.

Bei mir war es so, dass ich mich auf einmal nicht an Mantras erinnern konnte. Nicht in der Meditation und auch sonst nicht. Ich war jenseits vom „mind".

Für „no-mind" und „beyond" lässt du Mantras hinter dir.

Muss ich bestimmte Götter verehren?

Götter sind übernatürliche Wesen, die für bestimmte Prinzipien stehen. Im Hinduismus sind dies die Prinzipien von Brahma, Vishnu und Shiva. Sie stellen dar, wie die Welt, die Schöpfung entsteht, aufrechterhalten wird und letztendlich wieder zerfällt. Daneben gibt es unzählige weitere Gottheiten in den unterschiedlichen Religionen.

Mit der Götterverehrung kannst du schöne transzendentale Erfahrungen machen, die Götterprinzipien integrieren und die Kräfte in der Welt verstehen.

Wenn du dich den Göttern hingibst, gibst du dich in gewisser Weise dem SELBST hin. Im SELBST sind alle Götterprinzipien enthalten.

Du kannst dich den Göttern hingeben oder gleich dem SELBST. Wenn du still bist, werden die Götter dich von alleine aufsuchen. Was du erfahren sollst, wird stattfinden.

So sehr du die Götter lieben und verehren magst, am Ende musst du sie loslassen und transzendieren. Das ist der direkte Weg.

Götter sind, wie die Welt, Konzepte. Sie sind auch „mind".

„Das SELBST ist allgegenwärtig. Du musst und kannst dafür nirgendwo hingebracht werden."

Im Hinduismus wird gelehrt, dass es ohne die Gnade von Kali keine Befreiung gibt. Siehst du das auch so?
In Indien gibt es viele Kalitempel. Devotees bringen der Göttin Kali Opfergaben und beten sie an, damit Karma ausläuft und Brahman sie aufnimmt. Das ist eine Tradition.

Kali soll dir mit ihrem Schwert den Kopf abhacken. Das bedeutet, dass du mit ihrer Hilfe „mind" bzw. "Ego" transzendierst. Durch die Gnade von Kali sollst du, wenn die Zeit reif ist, in das große Brahman aufgenommen werden.

Ich habe dies so erfahren dürfen. Die Ekstase, mit Brahman zu verschmelzen, war unbeschreiblich schön.

Auch in anderen Kulturen ist Befreiung möglich, dort beten sie Kali nicht an.

Das SELBST - Brahman, die große Gnade - ist vor der Göttin Kali. Das SELBST ist allgegenwärtig. Du musst und kannst dafür nirgendwo hingebracht werden.

Wenn Moksha für dich vorgesehen und die Zeit reif ist, wirst du verstehen. Mit oder ohne Kali.

Wie waren deine Erlebnisse mit Kali?

Kali bzw. Durga begegneten mir öfter. Manchmal waren es mehrere Tage am Stück, an denen ich mit ihr eins sein durfte. Einmal veränderte sie ihr Erscheinungsbild immer wieder. Zunächst wunderte mich dies. Ich hatte mich bis dahin nicht näher mit ihr beschäftigt. Für mich gab es nur eine Kali bzw. Durga. Bis ich in dieser Meditation erfuhr, dass es viele Erscheinungsformen gibt. Diese unterschiedlichen Kali-Prinzipien zu erfahren, war wunderschön und tief berührend.

Nach hinduistischer Tradition lässt dich Kali frei. Zu der Zeit, als sie sich mir offenbarte, war ich in einem riesigen Bliss. Ich bin mit Kali verschmolzen und wurde in das höchste Brahman „eingesogen". Es gab keine Welt mehr, nur Bliss.

Es war intensiv wie tausend Sonnen. Auf einen Schlag war über

Wochen wundervolle Ekstase. Ich durfte erfahren, dass Brahman und ich eins sind, dass ich Brahman bin.

> *„Die einzige Opfergabe, die du für die Selbstverwirklichung geben musst, ist, dein ˋEgoˊ zu opfern."*

Warum gibt es Pujas oder Yagnas? Wozu dienen Opfergaben?

Alles dient der Achtung und Verehrung des SELBST.

Eine Puja ist ein meist tägliches Ritual zur Ehrerbietung, zum Beispiel von Göttern, heiligen Symbolen, dem Geist von Buddha oder anderen Erleuchteten. Man huldigt den Kräften und lädt sie zu sich ein.

Ein Yagna ist ebenfalls ein Ritual, das regelmäßig von Priestern als Feuerzeremonie durchgeführt wird. In das Feuer werden Opfergaben gereicht. Hiermit werden feinstoffliche Welten, Götter und Schöpfungsebenen angerufen - oft mit der Intention, Karma aufzulösen.

Man kann bei einer Puja und bei einem Yagna berührende spirituelle Erfahrungen machen. Auch ich durfte dies und habe es eine Zeitlang geliebt, als Devotee und Pujari.

Für die Selbstverwirklichung musste ich die Welt der Erfahrungen loslassen. Mir wurde gezeigt, dass derjenige, der ich wirklich bin, hinter Pujas und Yagnas ist.

Ich durfte verstehen, dass der, der ich bin, das SELBST, jenseits aller weltlichen und spirituellen Erfahrungen ist.

Ich durfte verstehen, dass kein Gott, den ich anrufe, mich befreien kann. Er ist in der Schöpfung und nicht frei.

Pujas, Yagnas, Opfergaben, Schöpfungsebenen, Götter sowie alle Spiritualität sind „mind" und Dualität.

Das SELBST ist jenseits aller Erfahrungen. Das SELBST ist jenseits von "mind" und „no-mind". Das SELBST ist immer, allgegenwärtig und unveränderlich. Das SELBST kann man nicht erreichen. Alles, was man erreichen kann, kann einem wieder genommen werden.

Die einzige Opfergabe, die du für die Selbstverwirklichung geben musst, ist, dein „Ego" zu opfern. Damit opferst du auch deine Erfahrungen.

Du kannst Pujas sowie Yagnas besuchen und durchführen oder den direkten Weg gehen.

Der direkte Weg ist, still zu sein und dich auf das SELBST auszurichten. Nur das SELBST kann das SELBST sehen.

Wenn die Gnade es zulässt, darfst du die Schöpfung transzendieren, mit oder ohne Puja, mit oder ohne Yagna.

Fange an, Brahman in jedem Moment in allem zu ehren. Alles Sichtbare und auch das Unsichtbare ist Brahman, ist Bewusstsein, Sat Chit Ananda. Alles existiert im SELBST.

„Die Götter sind mir in Meditationen erschienen.
Ich bin mit ihnen verschmolzen und habe
ihre Kräfte integrieren dürfen."

Hast du weitere Erfahrungen mit den Göttern gemacht?
Ja. Ich durfte viele tiefe Erfahrungen mit den drei wichtigsten
Göttern im Hinduismus machen, mit Brahma, Vishnu und
Shiva.

Die Götter sind mir in Meditationen erschienen. Ich bin mit
ihnen verschmolzen und habe ihre Kräfte integrieren dürfen.
Es ging oft über mehrere Tage und Wochen. Immer mit riesigem Bliss.

Eine der ersten Gottheiten, die mir in der Meditation begegneten, war Vishnu mit seinen Werkzeugen. Er erschien mir
in überdimensionaler Gestalt.

In meiner Vision hatte er das goldene Sudarshana-Chakra um
seinen Zeigefinger, das in immenser Geschwindigkeit rotierte.
Es funkelte, leuchtete schillernd in Gold und strahlte eine gi-
gantische Kraft aus.

Ich sollte das Sudarshana-Chakra integrieren - den Diskus, mit
dem Vishnu alles Übel zum Erliegen bringt, das die Gottesschau behindert.

Es war eine wunderschöne Erfahrung. Ich bin mit Diskus und
Vishnu verschmolzen, fühlte eine unbeschreibliche Kraft und
Glückseligkeit. Nach dieser Vision traf ich zwei Freunde auf
der Straße, die mir sagten, dass ich leuchte.

Einmal erschien mir Baby-Krishna in der Meditation. Auffal-
lend und witzig waren seine blau blinkenden Augen, mit denen er mich anfunkelte und mich anstrahlte. Ich war überglücklich, als ich mit ihm eins wurde.

In einer anderen wundervollen Vision durfte ich Brahma in Gold sehen und integrieren. Er schwebte im Raum und drehte sich mit seinen vier Gesichtern, die in alle Himmelsrichtungen schauten, um 360 Grad vor mir.

Unter ihm, über ihm sowie links und rechts von ihm erschienen goldene Oms. Da wusste ich, dass der Anfang und das Ende der Schöpfung das Om ist.

Später erschien mir Shiva und ich bin auf dem Berg Kailash Shiva geworden. Es war ein erhabenes und felsenfestes Stille- und Glücksgefühl.

Danach verschmolz ich ein weiteres Mal mit Shiva sowie seiner Frau Parvati und ihren Kindern Karttikeya und Ganesha.

Die nächste Gottheit, die mir begegnete und mit der ich eins wurde, war der erwachsene Krishna. Er war sehr liebevoll, witzig, heiter und spielte die Querflöte. Wir hatten sehr viel zu lachen.

In einer anderen Meditation lag Krishna schließlich tot auf dem Boden. Ich verschmolz mit ihm und wusste, dass die Geschichte zu Ende ist.

Ich hatte die Götter und die Upanishaden hinter mir gelassen. Ich wusste, dass es die Götter nicht gibt - dass auch sie nur Erscheinungen im Bewusstsein, im „mind" sind, dass auch sie nur geträumt sind.

Ich stellte fest: Es gibt die Götter nicht, aber ich bin. Ich bin zuerst. Ich bin vor Brahma, Vishnu, Krishna, Shiva und anderen Gottheiten, darf sie wahrnehmen, mit ihnen verschmelzen und habe sie mit diesem Wissen transzendiert.

„Die Götter lieben die Stille, weil sie
selbst nie zur Ruhe kommen."

Sind dir noch andere Götter erschienen?
Ja. Zum Beispiel Tripura, die helle Form der Göttin Kali, mit der ich über einige Jahre mehrmals verschmelzen durfte. Einmal erschien mir die Göttin Saraswati, die Göttin der Weisheit und Literatur.

Wie kann ich die Götter sehen? Ich möchte das auch.
Die Götter lieben die Stille, weil sie selbst nie zur Ruhe kommen. Du kannst sie sehen, wenn du einen reinen „mind" oder ein reines Herz hast und wenn es dir aus karmischen Gründen bestimmt ist.

Müssen alle Menschen für die Selbstverwirklichung die gleichen Erfahrungen mit den Göttern machen wie du?
Nein. Welche Erfahrungen du machst, hängt mit deinem Bewusstseinszustand, deinem Karma, deinen letzten Inkarnationen zusammen.
Unabhängig von Erfahrungen kannst du den direkten Weg gehen, indem du untersuchst, woher du kommst. Das ist das Einfachste und das Schnellste.

„Ich verstand, dass alle Religionen gleichrangig und Erscheinungen im Bewusstsein sind."

Gibt es die Götter im Kollektiv?

Alles findet im Bewusstsein statt und alles, was ist, ist im Bewusstsein, ist Bewusstsein. So sind auch die Götter im Kollektiv verankert.

Daher können manche erleuchtete Künstler, die die Götter in Visionen wahrnehmen, übereinstimmende Bilder und Statuen anfertigen. Es gibt nur ein Bewusstsein.

Steht der Hinduismus über anderen Religionen?

Nein, alle Religionen sind gleichrangig auf der Welt. Einige sind älter und andere später nachgefolgt. Für den höchsten Gott haben sie unterschiedliche Namen und für sie ist ihre höchste Gottheit die einzige.

In einem Moment voller Glückseligkeit erhoben sich in mir die verschiedenen religiösen Symbole auf einmal, leuchtend in einem Kreis hintereinander auf gleicher Ebene angeordnet: Das Om und das Sonnenrad der Hinduisten, der Davidstern der Juden, das Yin-Yang der Taoisten, das Rad der Leere der Buddhisten, das Kreuz der Christen, die Mondsichel der Muslime und einige mehr.

Ich verschmolz mit ihnen und verstand, dass alle Religionen gleichrangig und Erscheinungen im Bewusstsein sind.

Was bedeutet das Yin-Yang-Zeichen?

Das Ying-Yang-Zeichen ist das ursprünglichste Om. Es ist der Ursprung der Schöpfung, der Ursprung aller Dinge. In ihm ist alles enthalten.

Als heilige Silbe ist das Om der Urton der Schöpfung.

Vor vielen Jahren hat sich das Yin-Yang-Zeichen in einer Meditation in mir erhoben. Ich hatte bis dahin noch nie so etwas Wunderschönes auf der Welt gesehen.

Meditation, „mind" und „no-mind"

„... verliebe dich in diese Stille und bleibe dort."

Was ist eigentlich Meditation?

Meditation ist Innenschau, Kontemplation, Sitzen in Stille. Eine Meditation scheint anfangs anstrengend. Vielleicht verkrampfst du dich, weil beim Sitzen alles weh tut und du empfindest den „mind" als lästiges Hindernis.

Du möchtest den „mind" loswerden. Es gelingt dir nicht und du verlierst die Lust am Meditieren. Gleichzeitig wirst du immer wieder gelockt oder du ahnst, dass sich ein Zauber, ein Geheimnis, ein Geschenk dahinter verbirgt.

Du kannst mit dem Meditieren nicht aufhören. Du strebst vom „mind" zu „no-mind" und es gelingt dir nicht.

Leben für Leben verbringst du mit Meditation. Es wird sich nichts ändern. Quäle dich nicht.

Anstrengungslos, absichtslos, jenseits aller Konzepte von Meditation erfährst du im Satsang, dass du weder „mind" noch „no-mind" bist, sondern alles andere, was danach kommt.

Warum tun sich so viele Menschen schwer, regelmäßig zu meditieren?

Sie tun sich schwer, weil sie immer mit den Sinnen beschäftigt sind, mit der Welt, den Menschen, den Objekten und den entsprechenden Wünschen.

Sie glauben, sie müssten immer etwas tun, erreichen und erleben. Sie kommen nicht zur Ruhe. Sie können nicht still sein.

Viele Menschen versprechen sich ein besseres Leben, wenn sie meditieren. Ist das so?

Ja, das Leben verändert sich zum besseren, aber oft nicht so, wie die Menschen sich das vorstellen. Sie meditieren mit der Absicht, gesünder, beliebter, reicher zu werden oder sich sonstige Wünsche zu erfüllen.

Wenn sie absichtslos meditieren und sich der inneren Führung hingeben, ist ihr Leben in jedem Moment richtig.

Wenn sie sich absichtslos dem SELBST hingeben, können sie entdecken, wer sie in Wirklichkeit sind und frei werden. Sie werden mit einem viel größeren Glück beschenkt.

Wie kann ich die Einheit wiedererkennen?

Mit dem „Ich" und seinen Wünschen entsteht die Welt, weil das „Ich" etwas vermeintlich von sich Getrenntes wahrnehmen und erleben möchte. Du bist scheinbar aus der Einheit gefallen.

Wünsche hören nie auf. Damit hört die Welt nie auf und auch nicht das Leid. Wünsche sind die Ursache für Samsara, den Kreislauf von Tod und Wiedergeburt. Das ist Dualität.

Willst du die Einheit wiedererkennen, übe dich in Gottesschau. Wenn du herausfindest, wer du bist, hast du die Wünsche und dein „Ich" transzendiert und weißt wieder um die Einheit. Das bist du. *„That thou art."*

Wie übe ich mich in Gottesschau? Wie meditiere ich richtig?

Denke nicht an die Vergangenheit und nicht an die Zukunft. Sei still, verliebe dich in diese Stille und bleibe dort.

*„Alles geschieht ... Du weißt einfach, was zu tun ist.
Du lässt dich in jedem Moment führen und
identifizierst dich nicht als Macher ..."*

**Muss ich bei der Meditation den Yogi-Sitz einnehmen oder
kann ich auch liegen oder auf einem Stuhl sitzen?**

Mache daraus kein Konzept. Das SELBST ist immer, egal in
welcher Körperhaltung.

Ich durfte im Liegen in die höchsten Bewusstseinszustände: Ich
erfuhr den Urknall und den Himmel. Ich erfuhr, dass ich nicht
der Handelnde bin, dass es die Schöpfung nicht gibt, sondern
nur das Nichts, die Einheit und Brahman. Und vieles mehr.

Die Gefahr beim Liegen ist, dass du eher einschläfst als im Sitzen. Deine Meditation ist damit vorzeitig beendet.

Du kannst gerne auf einem Stuhl sitzen, wenn die Schmerzen
im Yogi-Sitz noch zu groß sind. Das SELBST freut sich über
deine Meditation.

Für gewisse Erfahrungen ist der Yogi-Sitz ideal.

Aber alles ist möglich.

**Kann ich mich in der Meditation zum Beispiel auf eine
Kerze, einen Punkt oder ein Mandala fokussieren?**

Lass alles Fokussieren los, sonst lässt du dich nicht führen,
sondern hast wieder eine Absicht. Wenn du auf das Fokussieren spürst, wirst du merken, wie anstrengend es ist und du
damit nicht weiter kommst. Lass alles Sehen, alle Sinneswahr-

nehmung und alle Anstrengung los. Dann geschieht einfach, was geschehen soll.

Oftmals kommen dennoch ungewollt Gedanken und Ängste, die mich beschäftigen. Manche kommen aus der Vergangenheit. Manche gehen in Richtung Zukunft. Wie kann ich sie abstellen?

Höre auf, an die Vergangenheit oder Zukunft zu denken und sei still. Wenn dir das zunächst nicht möglich ist, beobachte deine Gedanken und richte dich darauf aus, woher das „Ich" kommt, das diese Gedanken hat. Mehr musst du nicht tun.

Wie ist es, wenn ich mich Gott ganz hingebe? Wenn ich ihn bitte, alles geschehen zu lassen? Bin ich damit nicht zu passiv und kümmere mich nicht um meine Belange?

Nein. Im Gegenteil, das ist der Weg. Das ist Hingabe, Bhakti. Du wirst damit nicht passiv. Das wird oft falsch verstanden. Du hast Angst, nicht mehr zu funktionieren und in der Gesellschaft ein Verlierer zu sein. Wenn du dich Gott ganz hingibst, ist es vielmehr so, dass du weißt, dass du von Gott, Brahman, geführt bist.

„Thy will be done."

Alles geschieht. Brahman lasst dich morgens aufstehen und deine Arbeit verrichten. Du weißt einfach, was zu tun ist. Du lässt dich in jedem Moment führen und identifizierst dich nicht als Macher, als Handelnder.

„Wenn du keine Zeit verschwenden willst, höre mit dem Reinigen auf und erforsche, wo der `mind´ herkommt."

Ich habe meine Aggressionen verdrängt und jetzt erst entdeckt. Wie soll man mit seinen Aggressionen umgehen?

Es ist gut, wenn du dir deiner Gefühle bewusst bist, sie wahrnimmst, sie nicht unterdrückst. Sonst können sie zur Atombombe werden. Und das möchte keiner.

Lebe deine Emotionen nicht aus, beobachte sie und identifiziere dich nicht mit ihnen. Halte dich nicht zu lange mit den Gefühlen auf, sondern schaue, woher sie kommen. Das ist der schnellste und direkteste Weg.

Was verstehst du unter „mind"?

„Mind" ist alles Sicht- und Veränderbare, Name und Form. „Mind" ist „Ego", Maya.

Was heißt es, den „mind" hinter sich zu lassen?

Den „mind" hinter sich zu lassen, bedeutet, dass du dich nicht mehr mit dem „mind" identifizierst. Und damit auch nicht mit dem Körper.

Das bist du alles nicht. Du bist weder „mind" noch „no-mind" und das gilt es herauszufinden.

Für viele Gurus geht der Weg der Selbstverwirklichung über die Reinigung des „minds" und des Körpers. Ist das damit gemeint?

Der „mind" projiziert die Welt auf eine Leinwand, ähnlich

wie im Kino. Diese Gurus lehren, dass durch die Reinigung des „minds" deine Leinwand leer wird. Dann bliebe aber immer noch die leere Leinwand. Der Satguru zeigt dir, dass es auch die Leinwand nicht gibt.

Mit der Reinigung des „minds" kannst du viele Jahre, dein ganzes Leben, mehrere Inkarnationen verbringen. Womit möchtest du den „mind" reinigen? Du würdest ihn wieder mit dem „mind" reinigen wollen und das kann nicht funktionieren.

Du würdest versuchen, etwas mit etwas zu reinigen, was es in Wirklichkeit nicht gibt. Wenn du keine Zeit verschwenden willst, höre mit dem Reinigen auf und erforsche, wo der „mind" herkommt. Schaue nicht auf die Leinwand.

Auch dein Körper muss für die Selbstverwirklichung nicht perfekt sein. Der Körper ist der Tempel des SELBST. Gehe behutsam mit ihm um. In einem schmerzfreien Körper kannst du besser meditieren, höhere Bewusstseinszustände erfahren und glücklich sein.

Deine Selbstverwirklichung von der Körperinnenreinigung abhängig zu machen, ist ein Konzept. Körper und „mind" sind Dualität. Am Ende transzendierst du beide.

Mit der Selbstverwirklichung endet die Identifizierung mit dem Körper und seinen Schmerzen. Du weißt, dass du nicht Körper, „mind" und Schmerz bist, sondern nur das EINE.

„Nein, im Advaita-Vedanta wird nichts bekämpft ...
Alles, was du bekämpfst, kommt stärker zurück. "

95

Wie lange muss ich meditieren, bis der „mind" still wird?
Stille erhebt sich unmittelbar in dem Moment, in dem du dich nicht anstrengst, nicht an die Vergangenheit und nicht an die Zukunft denkst.

Es gibt einen Ausschaltknopf, über den du von „mind" zu „no-mind" und zu „beyond" gelangst. Du brauchst ihn nicht zu suchen. Wenn die Gnade es will, wird er dir gezeigt.

Mir wurde der Ausschaltknopf noch nicht gezeigt. Kann ich den „mind" bekämpfen, um ihn hinter mir zu lassen?
Nein, im Advaita-Vedanta wird nichts bekämpft. Es wird alles zugelassen, angenommen. Ohne Identifizierung. Alles, was du bekämpfst, kommt stärker zurück.

Strenge dich nicht an. Schaue, woher der „mind" kommt. Steige nicht in seine Geschichten ein. Sei still.

Mir wurde nahegelegt, dass ich mich für die Selbstverwirklichung bemühen muss. Ich strenge mich schon so lange dafür an.
Es ist genau die Anstrengung, die dir das Anstrengungslose genommen und verschleiert hat. Es ist deine Konditionierung, dass du dich für etwas anstrengen musst.

Lasse alle Anstrengung. Nur die Anstrengungslosigkeit erkennt das Anstrengungslose. Nur das SELBST erkennt sich SELBST.

Spirituelle Gruppen

„Wenn es nur um das Erzählen von Meditations-
erlebnissen geht, kannst du dich gleich
vor den Fernseher setzen."

Ist es ratsam, sich einer Gruppe von spirituell Suchenden anzuschließen?
Wenn man sich zum Satsang trifft, ist dies eine heilige Zu-
sammenkunft, eine Zusammenkunft des SELBST.
Der Satsang ist ein großes Geschenk. Wenn du dich hingibst,
wirst du in die Stille, ins Glück und ins Sein mitgenommen.
Der Satguru berührt und bereichert die Herzen aller.
Zieht es dich regelmäßig zum Satsang, freut sich dein Herz,
das SELBST und der „mind" kann transzendiert werden.
Im Satsang merkst du, dass du auf der Suche nicht alleine bist.

Ich besuchte jahrelang eine Gruppe von Meditierenden, die sich ihre Meditationserlebnisse berichteten.
Die Teilnehmer erzählten von Lichtwölkchen, -pünktchen und ähnlichem, die sie gesehen hatten. Ich empfand das als hinderlich.
Wenn es nur um das Erzählen von Meditationserlebnissen
geht, kannst du dich gleich vor den Fernseher setzen. Dein
Herz wird davon meist nicht berührt. Der „mind" wird damit
nicht still.
Die Teilnehmer erzählen sich Geschichten über Bilder, Licht-

erscheinungen, Wölkchen oder Pünktchen, die sie in ihren Meditationen erlebt haben. Sie sind mit ihrer eigenen Wahrnehmung, mit ihren Sinnesorganen, mit ihrem „Ego" beschäftigt. Sie halten sich mit Dualität auf und von der Wirklichkeit ab.

Diese Geschichten sind unendlich und werden nie aufhören. Man wird nie fertig damit.
All dies ist „mind". Es ist eine Sache vom „mind" für den „mind", die wehtun kann. Du wirst vom Eigentlichen, von der Stille, von der Gottesschau, vom SELBST abgehalten.

Im schlimmsten Fall fängst du an, die Geschichten mit deinen eigenen Erlebnissen zu vergleichen und zu bewerten. Das ist die nächste Falle für den „mind".
Richte dich nicht nach den Erfahrungen der Anderen. Letztendlich musst du deine eigenen Erfahrungen transzendieren. Das geht nur, wenn der „mind" still ist.

Wozu sehe ich denn überhaupt solche Lichterscheinungen?

Du siehst sie, um bestimmte Themen auf gewissen Bewusstseinsebenen zu integrieren. Vor allem, wenn du mit den Lichterscheinungen eins wirst. Du weißt dann um deinen eigenen Bewusstseinszustand.
Es genügt, die Erfahrung an sich gemacht zu haben. Lasse sie wieder los. Sie ist „mind". Lasse Sehen und alle anderen Sinnesorgane los. Gehe den direkten Weg und erkunde, wer du bist.

„Das SELBST bringt die Vielfalt hervor und erfreut
sich an ihr. Die Vielfalt ist das Spiel des SELBST.
Warum sollte jeder gleich ausschauen oder
gleich eingerichtet sein müssen?"

Ist es für Suchende notwendig, einheitliche Kleidung zu
tragen und die Wohnung in einem bestimmten Stil einzu-
richten?

Das SELBST ist jenseits von Körper und „mind". Es ist ohne
Name, ohne Form und ist gleichzeitig Name und Form.

Das SELBST bringt die Vielfalt hervor und erfreut sich an ihr.
Die Vielfalt ist das Spiel des SELBST. Warum sollte jeder gleich
ausschauen oder gleich eingerichtet sein müssen?

Dabei handelt es sich um weltliche Uniformen und Etikettie-
rungen, die Gruppen- und Zugehörigkeitsgefühle auslösen.
Man identifiziert sich mit der gleichen Kleidung und der gleichen Einrichtung. Das ist weltliche Gleichheit und nicht die
eigentliche Einheit, die Freiheit ist.

„Religionen sind verschieden, aber es gibt nur einen
einzigen Gott. Gott ist wie das Wasser, das die ver-
schiedenen Gefäße füllt, und in jedem Gefäß nimmt
die Vision Gottes die Gestalt des Gefäßes an."

Swami Vivekananda

ॐ

Satguru

„Wenn die Gnade dir den Satguru zeigt, vertraue und gib dich ihm hin. Er zeigt dir aus Liebe den richtigen Weg."

Wozu braucht es den Satguru?

Wie sollst du das SELBST sonst verstehen? Wir sind hier im Westen nicht mit Spiritualität gesegnet. Man braucht besonderes Karma, um ohne Satguru selbstverwirklicht zu sein.

Der Satguru ist dein Lotse. Die Menschen sehen in einem Satguru Name und Form. In Wirklichkeit ist er ohne Name und Form.

Der Satguru weiß um das SELBST, ist das SELBST und kennt den Weg. Er führt dich hinter Raum und Zeit und spiegelt dir unmittelbar deine eigene Wirklichkeit.

Kann ich auch mit spirituellen Büchern befreit werden?

Bücher sind „mind". Mit ihrer Lektüre kannst du nicht alles verstehen und nicht verwirklicht werden. Kein Buch kann ausdrücken, was das SELBST ist.

Satsangs sind jenseits vom „mind". In Satsangs werden Körper und „mind" transzendiert. Wenn du dich im Satsang hingibst, offenbart sich dir das SELBST.

Über viele Jahre hinweg hielt mich etwas von heiligen Schriften fern. So durfte ich unschuldig diese tiefen und berührenden Erfahrungen machen, ohne Vorbelastung durch den „mind".

Wie finde ich den Satguru?

Er ist schon da und wird dir gezeigt. Du wirst zu ihm hinge-
führt. Wenn du den brennenden Wunsch nach ihm und nach
Befreiung hast, wird er sich dir offenbaren.

Du musst auf die „leisen Töne" in deinem Herzen hören. Sonst
übersiehst du ihn.

Wenn die Gnade dir den Satguru zeigt, vertraue und gib dich
ihm hin. Er zeigt dir aus Liebe den richtigen Weg.

> *„Dem Satguru zu begegnen, ist Gnade.*
> *Es ist die Begegnung mit deiner eigenen Heiligkeit.*
> *Du begegnest dem SELBST, dem SELBST in deinem*
> *Guru und gleichzeitig dem SELBST in dir."*

Was soll mich der Satguru lehren?

Der Satguru lehrt nicht. Er führt dich auf dem direkten Weg
zur „Selbsterkenntnis".

Er ist dein Navi. Mit ihm kannst du zu gegebener Zeit den
Körper mit seinen Sinnesorganen und den „mind" transzendieren und herausfinden, wer du in Wirklichkeit bist. Einfach
so, durch seine bloße Präsenz.

Wenn die Gnade es will, kannst du mit ihm erfahren, dass du
Sat-Chit-Ananda, Stille, Friede, Wissen und „beyond" bist.

Der Satguru bringt deinen inneren Guru zum Vorschein.

Lasse dich überraschen, vertraue dich ihm an.

Was ist das Besondere, dem Satguru zu begegnen?

Dem Satguru zu begegnen, ist Gnade.

Es ist die Begegnung mit deiner eigenen Heiligkeit. Du begegnest dem SELBST, dem SELBST in deinem Guru und gleichzeitig dem SELBST in dir.

Es ist die Begegnung mit dem Formlosen. Es ist Satsang.

Satsang ist die heiligste Begegnung. Satsang ist, die Wahrheit zu leben.

„Dein Herz weiß am besten, was richtig für dich ist.
Vertraue deinem Herzen, vertraue deinem Satguru.
Dann kannst du selbst Entscheidungen treffen
und deine Ängste transzendieren."

Ich lasse mir manche Entscheidungen gerne abnehmen und brauche für Entscheidungen die Hilfe von außen.

Du kennst es nicht, auf dein Herz zu hören. Du suchst Hilfe und Wegweisung von anderen. Du hast Angst vor Fehlentscheidungen und vor Karma.

Dein Herz weiß am besten, was richtig für dich ist. Vertraue deinem Herzen, vertraue deinem Satguru. Dann kannst du selbst Entscheidungen treffen und deine Ängste transzendieren.

Manche sagen: „Höre auf dein Bauchgefühl." Ist das auch damit gemeint?

Nein. Im Bauch sitzen die Traumata. Entscheidungen aus dem Bauch sind mit Angst besetzt. Es sind „Ego"- Entscheidungen.

Welche Konsequenzen hat es, keinen oder den falschen Guru zu haben? Woran erkenne ich den richtigen Guru?

Ohne Satguru oder mit dem falschen Guru besteht die Gefahr, dass man das SELBST nicht versteht oder dass man eventuell schon verwirklicht ist und es nicht weiß.

Ein Satguru ist einzig zur Befreiung da und kann dir den Weg in die Verwirklichung ebnen.

Er weiß, wovon er spricht und freut sich, wenn es einen neuen Lichtpunkt auf der Erde gibt.

Vertraue deinem Herzen. Es erkennt und zeigt dir den Satguru.

Was ist, wenn Nicht-Wissende zur Befreiung anleiten?

Es wird nicht funktionieren, wenn sie nicht befreit sind, wenn sie das SELBST nicht verstanden, nicht verwirklicht haben. Befreien kann nur der Satguru.

Wenn sie es trotzdem versuchen, ist es ihre Wahl. Sie werden das Wissen nicht vermitteln können. Sie wissen nicht, wovon sie reden. Ihre Anleitung ist eine „Ego"-Handlung, mehr Schein als Sein.

Wenn du gutes Karma hast, wirst du vom SELBST vor Nicht-Wissenden geschützt.

Manche Gurus lehren, dass ich mich für Moksha von allem materiellen Besitz trennen soll.

Du darfst ruhig das annehmen, was dir auf der Erde für dieses Leben bestimmt ist. Es kommt vom SELBST. Aber hafte nicht daran, es gehört dir nicht. Dann bist du frei.

Für Moksha ist es nicht nötig, alles Materielle aufzugeben. Es geht vielmehr um innere Losgelöstheit vom Materiellen. Hafte an nichts, dann bist du immer frei. Verpflichte dich dem SELBST. Das ist die einzige Verpflichtung.

„Ein wahrer Guru lässt dich nicht zu einem Schäfchen werden, das der Herde hinterherläuft, sondern zu einem strahlenden, würdevollen Löwen."

Muss ich meinem Guru dienen?
Wenn du deinem Satguru selbstlos aus Liebe und Dankbarkeit dienen und helfen möchtest, ist das schön. Damit dienst du dem SELBST.
Spüre in dein Herz, was für dich richtig, wahr und stimmig ist. Wenn du gelernt hast, deinem Herzensruf zu folgen, handelst du absichtslos und im Sinne des SELBST.

Muss man alles machen, was ein Guru sagt?
Man musst nicht alles machen, was ein Guru sagt. Höre auf dein Herz, auf deinen eigenen inneren Guru.
Ein wahrer Guru lässt dich nicht zu einem Schäfchen werden, das der Herde hinterherläuft, sondern zu einem strahlenden, würdevollen Löwen.

„Bleibe immer du selbst. Das ist deine individuelle Schönheit. Du bist einmalig."

Braucht es Einweihungen von meinem Guru?

In Satsangs finden Einweihungen statt - einfach so, individuell und absichtslos. Sie dienen dem Wissen und Verstehen. Das ist in meiner Praxis und in meinen Satsangs schon oft passiert.

Wenn du dich dem SELBST hingeben möchtest, kannst du deinen Guru auch um eine Einweihung bitten.

Viele Menschen folgen dogmatisch einem Guru oder einer spirituellen Richtung. Ist das der richtige Weg?

Das ist für die Befreiung nicht nötig und nicht der richtige Weg. Dogmatismus ist eng und kann gefährlich sein.

Wenn Menschen unsicher und verloren sind, kann ein dogmatischer Lehrer diese Unsicherheiten für seine eigenen, egoistischen Zwecke ausnutzen.

Ich empfehle, offen zu bleiben und auf sein eigenes Herz zu hören. Das eigene Herz weiß es besser als der dogmatische Lehrer. Der wirkliche Guru sitzt im eigenen Herzen.

Mancher Yogi wirbt um die Gunst seines Gurus. Er möchte der Beste sein.

Wenn jemand um die Gunst des Gurus wirbt, kommt die Eltern-Tochter- und Eltern-Sohn-Beziehung ins Spiel. Das ist eine Konditionierung.

Die Tochter oder der Sohn möchte dem Vater oder der Mutter gefallen. Sie möchten gut sein, Lob, Anerkennung und Liebe bekommen. Liebe das SELBST. Dann fällt das von dir ab.

Ich möchte so sein wie mein Guru.

Bleibe immer du selbst. Das ist deine individuelle Schönheit. Du bist einmalig.

Ist es in Ordnung, seinen Satguru zu ehren?

Mit der Achtung des Satgurus ehrst du die Heiligkeit des SELBST. Du ehrst das SELBST, das SELBST in allem, in allen Wesen, in allen Universen, das SELBST in dir. Namaskar.

ॐ

Selbstverwirklichung

„Der Verwirklichte ist jenseits von Name und Form.
Er ist nur das EINE."

Woran kann man einen Selbstverwirklichten erkennen?
Mit deinen Sinnesorganen kannst du den Selbstverwirklichten
nicht erkennen. Er redet wie du, isst wie du, geht, schläft und
spricht wie du.

Das Missverständnis liegt darin, dass die Menschen in einem
Verwirklichten Name und Form sehen. Der Verwirklichte ist
jenseits von Name und Form.

Er ist nur das EINE. Er ist das Mitgefühl und die Liebe. Er ist
Sat-Chit-Ananda. Er ist Bliss, Shanti (Friede) und das Wissen.
Er hat Körper und „mind" transzendiert. Er ist „beyond". Er
weiß, dass in Wirklichkeit nie etwas stattgefunden hat.

Ein Verwirklichter lässt alles durch das SELBST geschehen.

**Was ist eigentlich Erleuchtung? Gibt es einen Unterschied
zur Befreiung und zur Selbstverwirklichung?**
Licht-, Stille- und Glückserfahrungen sind Erleuchtung, Sat-
Chit-Ananda. Wenn du erfährst, dass du nicht der Handelnde
bist, bist du frei. Du hast dabei meist jedoch noch nicht verstanden, dass Subjekt, Objekt und die Erfahrung eins sind.

Selbstverwirklichung bedeutet, dass du weißt, dass es nur das
EINE gibt, dass du das bist und dass alles nur Erscheinungen
in dem EINEN sind, dass alles geträumt ist und dass nie etwas

118

stattgefunden hat. Die Selbstverwirklichung ist das Ende der Dualität, das Ende des individuellen „Ichs".
Selbstverwirklichung bedeutet Moksha.

Wie war das bei dir?

Es hat sich über ein paar Jahre hingezogen. 2009 begann es mit riesigem Glück, Sat-Chit-Ananda. In der Meditation durfte ich erfahren, dass ich nicht der Handelnde bin und es keine Schuld gibt.

Einmal wurde die Welt vor mir gleißend hell. Ich sah, dass aus allen Menschen Lichtsäulen emporsteigen, über die sie geführt werden. Ich hatte Erfahrungen mit Amrit und war andauernd im Bliss.

Für einige Monate war meine eigene Lichtsäule permanent präsent.

Gleichzeitig durfte ich immer wieder erfahren, dass ich nicht der Körper und nicht der Handelnde bin - verbunden mit zahlreichen Samadhi-Erfahrungen, Erfahrungen höchsten Glücks. Phasenweise war das Glück so groß, dass es fast nicht auszuhalten war.

Mir wurde gezeigt, dass Stille, Bewusstsein, Sat-Chit-Ananda allgegenwärtig ist. In allen Lebenslagen, egal bei welcher Beschäftigung, war Brahman im Vordergrund.
Auch in Notlagen erfuhr ich, dass Krisen mir nichts anhaben können, sie lediglich in mir ablaufen und ich Glück, Friede, Stille bin.

2014 wurde mir gezeigt, wie Bewusstsein aufgebaut ist. Ich wurde durch alle Bewusstseinsebenen in das Nichts und darüber hinaus geführt. Der Lebensfilm war zu Ende. Ich durfte verstehen, dass die Welt eine Illusion ist.

Wie erwähnt, machte ich in meinen Meditationen einige Jahre lang Erfahrungen mit den drei wichtigsten Göttern im Hinduismus – mit Brahma, Vishnu und Shiva.

Ich bin mit allen Gottheiten verschmolzen und habe ihre Kräfte integriert. Jedes Mal mit riesigem Glück, Bliss und riesiger Ekstase.

Als ich die Götter und die Upanishaden transzendiert hatte, wurde mir gewahr, dass es auch die Götter nicht gibt, dass auch sie geträumt sind, dass Brahma, Vishnu und Shiva nur im „mind" existieren und dass ich vor den Göttern bin.

> *„Ich hatte das EINE verstanden ... Ich freute mich riesig, weil es so einfach war, konnte es aber nicht in Worte fassen."*

Wie hast du erkannt, wer du in Wirklichkeit bist?
Als ich mit Kali verschmolz, hat mich das große Brahman aufgesogen. Es gab keine Welt, nur Brahman war. Ein unbeschreibliches Glück. Eine riesige Ekstase.

Ich durfte mehrmals erfahren, wie sich in der Meditation sämtliche Sinnesorgane zurückzogen, ich nichts mehr fühlte, sah, hörte, schmeckte, roch und ich trotzdem noch war.

In einer weiteren Meditation hatte ich die Vision der Körperlosigkeit. Der Körper hatte sich in der Vision im Raum aufgelöst, er war für die Welt nicht sichtbar und trotzdem gab es mich als dieses EINE.

Während ich ein anderes Mal in Stille saß, wurde ich der Zeitlosigkeit gewahr. Der Moment der Zeitlosigkeit absorbierte mich und ich wurde zu diesem Moment, zu diesem Jetzt, das immer ist.

Als sich beim Sitzen wieder alles aufgelöst hatte, gab es niemanden, der meditierte. Nur Glück war. Seither weiß ich, dass es kein „Ich" gibt, dass es niemanden gibt, der meditiert, dass es die Meditation nicht gibt.

In dieser Phase hatte ich ein weiteres Erlebnis: Ich passierte in rasanter Geschwindigkeit Stufe für Stufe die Schöpfungsebenen des Shri-Yantras und landete in seinem höchsten Punkt und „beyond".

Schließlich durfte ich im Bruchteil einer Sekunde erfahren, dass nur das EINE ist, dass alles Erscheinungen im Bewusstsein sind, dass ich dieses EINE bin, dass sich alles in mir erhebt und wieder verschwindet und dass nie etwas stattgefunden hat.
Ich hatte das EINE verstanden. Es war ein Verstehen jenseits des „minds". Ich freute mich riesig, dass es so einfach ist, konnte es aber nicht in Worte fassen. Als ich es greifen wollte, blockierte der Kopf.

Monate später durfte ich die gleiche Erfahrung noch einmal machen und final verstehen. Seither existiere ich nur noch als dieses Wissen, als dieses EINE.

„Das SELBST ist jenseits von Worten ... Es ist nicht die Stille, die Liebe, der Friede, das Glück und die Schönheit, von denen ich spreche. Alles, was man in Worte fassen kann, ist es nicht."

Kannst du das SELBST noch etwas näher beschreiben?
Das SELBST ist jenseits von Worten, jenseits des Verstandes. Es ist nicht die Stille, die Liebe, der Friede, das Glück und die Schönheit, von denen ich spreche. Alles, was man in Worte fassen kann, ist es nicht.
Ich konnte nach dem letzten Verstehen einige Zeit nicht darüber sprechen. Ich war in Brahman aufgesogen.

Das SELBST, Brahman, ist der Urgrund. Dann kommt dein Herz, später folgt die Sprache. Von daher ist es nicht möglich, das SELBST zu definieren.
Der „mind" kann es nicht erreichen. Die Sprache kann es nicht ausdrücken.

Ist das Glück nach all deinen spirituellen Erlebnissen immer noch da?
Ja. Es ist immer, allgegenwärtig und alldurchdringend. Ein noch viel größeres Glück und darüber hinaus. Die menschliche Sprache ist dafür nicht geeignet.

Eines nachts ließ Siddharta seine liebste Frau und sein liebstes Kind zurück und begab sich mit seinem Diener nach draußen.

Als erstes begegnete er einem alten Mann mit einer Krücke. Er fragte seinen Diener, was das sei. Er hatte zuvor noch nie einen Alten gesehen. Der Diener sagte, das sei ein alter Mensch „und auch du wirst einmal alt und gebrechlich".

Später begegnete er einem Kranken. Er fragte wieder, was das sei, weil er so etwas auch noch nie gesehen hatte. Der Diener sagte, das sei ein Kranker „und auch du kannst einmal krank werden".

Schließlich begegneten sie einem Toten. Und der Diener sagte, das sei ein Toter „und auch du wirst einmal da liegen und sterben".

Weil all dies Siddharta nicht gefiel, traf er die Entscheidung, nicht in seinen Palast zurückzukehren, sondern nach der Unsterblichkeit Ausschau zu halten.

Nachdem er sieben Jahre umherzog, setzte er sich unter den Bodhi-Baum und wurde zu Buddha.

> *„Ich durfte das Nirvana wahrnehmen und transzendieren. Dann kommt das ewige Leben."*

Was bedeutet Nirvana?
Nirvana ist für die Buddhisten die Erleuchtung. Nirvana ist das Nichts, die Stille, die Leere. Nirvana ist im Hinduismus nicht die finale Erkenntnis. Nirvana ist im Bewusstsein und kann

wahrgenommen werden. Der höchste Zustand ist jenseits des Bewusstseins, jenseits aller Wahrnehmung.

Die finale Erkenntnis ist die Quelle des Nirvanas, das SELBST. Ich durfte das Nirvana wahrnehmen und transzendieren. Dann kommt das ewige Leben.

Was ist die Wirklichkeit und wie erkenne ich sie?

Alles, was du fühlen, sehen, hören, schmecken oder riechen kannst und nicht bleibend ist, kann nicht die Wirklichkeit sein.

Mache die Augen zu. Sei still, denke an nichts. Lass dich mitnehmen. Verliebe dich und bleibe darin. Das ist immer. Das ist die Wirklichkeit.

„Alle Erscheinungen erheben sich darin wie kleine Luftblasen und verschwinden wieder. Und nie hat etwas stattgefunden. Einzig das SELBST ist und ich bin das SELBST."

Woher weißt du, dass die Welt unwirklich bzw. geträumt ist?

Es ist ganz einfach: Machst du die Augen zu, gibt es die Welt nicht. Das kennst du, wenn du dich abends ins Bett legst und kurz vor dem Einschlafen bist. Die Augen sind geschlossen und die Welt verschwindet. Auch wenn du nachts im Tiefschlaf bist, gibt es die Welt nicht.

Genauso ist es in der „Meditation". Wenn ich sitze, gibt es die Welt nicht. Sie ist verschwunden.

Um Maya ganz zu verstehen, wurde es mir feinstofflich mehrfach gezeigt. Einmal wurde ich wie in einem Film in vielen aufeinanderfolgenden Szenenwechseln durch alle Schöpfungsebenen geführt, bis der Lebensfilm zu Ende war.

Dann war das Nichts, Nirvana. Ich transzendierte auch dies. Es erhob sich das ewige Leben wie endlose, lautlose Musik. Ein gänzlich anderes, immerwährendes Glück von noch größerer Schönheit. „Tat tvam asi."

Als Essenz durfte ich schließlich erfahren, dass alles Sichtbare kurze Erscheinungen im Bewusstsein sind, dass ich dieses Bewusstsein und gleichzeitig jenseits davon bin und dass es nur dieses EINE - Brahman - gibt.

Alle Erscheinungen erheben sich in mir, in Brahman, wie kleine Luftblasen und verschwinden wieder. Und nie hat etwas stattgefunden. Einzig das SELBST ist und ich bin das SELBST.

> *„Das ist die Paradoxie. Es gibt die Welt für deine Sinnesorgane und in Wirklichkeit gibt es sie nicht."*

Du sagst, dass die Welt eine Illusion ist. Aber mein Körper ist doch auch noch da.

Da wurde etwas nicht verstanden. Körper ist wie die Welt „mind". Das Ende des Advaita-Vedanta ist, dass du die Welt transzendierst.

Du weißt, dass alles, was du erfährst, Erscheinungen im Bewusstsein sind, die wieder verschwinden, dass du dieses Bewusstsein und jenseits davon bist und dass nie etwas stattgefunden hat.

Du bist ohne Name und ohne Form und hast, solange du in einem Körper auf der Erde verweilst, gleichzeitig Name und Form, um am Spiel des Lebens teilzuhaben.

Das ist die Paradoxie. Es gibt die Welt für deine Sinnesorgane und in Wirklichkeit gibt es sie nicht.

Gibt es überhaupt einen Verwirklichten? Gibt es die Selbstverwirklichung?

Die Selbstverwirklichung gibt es nur für den „mind" und ist genauso Maya wie der Rest der Welt. Das, was du bist und schon immer warst, kann nicht verwirklicht werden. Es war und ist nie nicht.

Dein Wissen darum ist verloren gegangen. Daher gibt es, wenn das Wissen zurückkehrt, eine Selbstverwirklichung für den „mind".

„Alles, was du dir aneignest, ist eines Tages wieder weg.
Das höchste Wissen kannst du dir nicht aneignen.
Das SELBST ist immer ... allgegenwärtig."

Kannst du mir das SELBST zeigen?

Gehe zum Satsang. Der Satsang ist die Offenbarung des SELBST. Es ist ein Treffen mit dem SELBST.

Kann ich lernen, das SELBST zu sein?
Nein. So etwas kannst du nicht lernen.
Mit dem Lernen möchtest du dir Wissen aneignen. Alles, was du dir aneignest, ist eines Tages wieder weg. Das höchste Wissen kannst du dir nicht aneignen. Das SELBST ist immer, alldurchdringend und allgegenwärtig.
Du kannst das SELBST nicht lernen. Sei einfach still. Ohne Anstrengung, ohne Ziel. Irgendwann hast du es verstanden. Dann lebst du im Jetzt.

Ich möchte endlich Gott sehen. Hast du noch einen weiteren Tipp für mich?
Wenn du dich auf das SELBST ausrichtest, wirst irgendwann nicht du ihm hinterherlaufen, sondern umgekehrt.
Bleibe stehen, halte inne und halte dich nicht dauerhaft mit der Befriedigung der Sinne auf.
Du brauchst Unterscheidungsvermögen, um die Wirklichkeit von Maya auseinanderhalten zu können.
Dann kehrst du zu deiner ursprünglichen Unschuld zurück.

Kann man die Ewigkeit oder die Unsterblichkeit erfahren?
Die Ewigkeit oder die Unsterblichkeit sind jenseits aller Erfahrungen. Es ist deine ureigenste Natur, die verhüllt und von deiner Unwissenheit verdeckt ist. Es ist dein wahres SELBST, das immer ist und nie nicht sein kann.

Welche Bewusstseinszustände gibt es?

Neben Wachen, Träumen und dem Tiefschlaf gibt es noch das reine Bewusstsein, das allen anderen Zuständen zugrunde liegt. Es ist in Wirklichkeit kein Zustand, sondern das EINE. In den alten Schriften wird es Turiya genannt.

Turiya ist das Einssein der drei Schöpfungsebenen von Brahma, Vishnu und Shiva. Ich selbst durfte erfahren und sehen - nicht mit den physischen Augen - wie diese Ebenen mehrdimensional miteinander in eine geometrische Form, Turiya, verschmolzen. Wonne und Glück waren unbeschreiblich berührend, unbeschreiblich schön. Dann gab es keinen Beobachter mehr.

Es ist die höchste Ebene des Bewusstseins, reines Bewusstsein ohne „Ego". Danach verlässt man, wenn man kein „Ego" mehr hat, die Ebene des Bewusstseins und „landet" jenseits des Bewusstseins im SELBST. In Wirklichkeit hat nie etwas stattgefunden.

„Die Öffnung des dritten Auges ist nicht dafür da hellzusehen. Sie dient vielmehr dazu, Gott zu schauen."

Es wird behauptet, dass man auf seiner spirituellen Reise sein drittes Auge entwickelt und hellsehen oder wahrsagen kann. Ist das so richtig?

Auf der Suche nach dem SELBST kannst du, so Gott will, erfahren, dass das dritte Auge aufgeht.

Bei mir öffnete sich in einer Meditation auf der Stirn ein großes Loch. Es war - gefühlt - ein offener Hohlraum, der durchlässig war. In ihm begann ein großes Flackern. Nach hinduistischer Tradition ist es Kalis Flackern. Es ist ihre Ekstase.

Die Öffnung des dritten Auges ist nicht dafür da hellzusehen. Sie dient vielmehr dazu, Gott zu schauen. Sonst würdest du dich weiterhin mit Dualität aufhalten.

Wenn es offen ist, siehst du mit den Augen der Liebe. Du wirst noch empathischer und offener für das Sein.

Mit dem dritten Auge unterscheidest du die Wirklichkeit von der Unwirklichkeit. Dieses Unterscheidungsvermögen nennt man im Sanskrit „Viveka". Es ist das Geschenk der Öffnung.

Manche Gurus behaupten, zum All-Eins-Sein gehöre, durch die Augen anderer Wesen schauen zu können. Ist das so?

Ob du das kannst oder nicht: Das All-Eine ist jenseits von Name und Form, Körper und „mind".

Formloses Sein bedeutet nicht, dass du durch einen anderen Körper die Welt wahrnimmst. Dann wärst du wieder mit dem Körper und den Sinnen, dem „Ego" beschäftigt.

Braucht es für die Verwirklichung Fähigkeiten wie Zauberei oder andere magische Kräfte?

Nein. Magische Kräfte und Zauberei haben mit der Selbstverwirklichung nichts zu tun. Auf dem Weg der Selbstverwirklichung lässt du den Macher und das „Ego" hinter dir. Es ist vielmehr der Weg der Liebe, Demut und Hingabe.

Muss man die gleichen Erlebnisse wie du haben, um das SELBST zu verwirklichen?

Nein, das ist für jeden individuell. Alle machen ihre Erfahrungen je nach ihrer Vorgeschichte, ihrem Karma.

Höre auf zu vergleichen, sonst besteht die Gefahr, dass sich der „mind" Geschichten ausdenkt. Bleibe immer unschuldig.

Wenn es für dich bestimmt ist, wird die große Gnade dich mitnehmen, egal welche Erlebnisse du hattest.

Wie siehst du die Welt?

Alles ist Brahman. Nur das SELBST ist.

Geführt sein

„Wenn du dich führen lässt, findet alles in Gottes Ordnung statt ... Darin liegt eine unglaubliche Schönheit."

Was ist die perfekte Handlung?

Die perfekte Handlung ist das Nichthandeln. Damit ist gemeint, dass du erfahren hast und dass du weißt, dass nicht du der Handelnde bist und dass alles in jedem Moment geführt ist.

Gibt es eine Ordnung oder Gesetze in der Schöpfung? Ist es wichtig, diese Ordnung oder Gesetze zu kennen und nach ihnen zu handeln?

Alles unterliegt Gesetzmäßigkeiten. Wenn du dich an eine Ordnung halten möchtest, ist das „mind". Du machst aus dem Leben nicht nur ein Konzept, sondern viele Konzepte. Du machst aus deinem Leben ein Gefängnis.

Wenn du dich führen lässt, findet alles in Gottes Ordnung statt. Dann ist alles richtig und du machst dir über Ordnung keine unnötigen Gedanken. Du hörst nur auf die Führung. Darin liegt eine unglaubliche Schönheit.

Ich kenne es nicht, geführt zu sein. Wie kann ich merken, dass ich geführt bin?

Schau dir dein Leben an. Meistens stellst du im Nachhinein fest, dass alle deine Erlebnisse und Begegnungen einen Sinn hatten, dass sie nicht zufällig passiert sind. Oft realisierst du das erst einige Jahre später. Du erkennst, dass alle Einzelereignisse wie Mosaiksteine zusammenpassen, dass du genau zur richtigen Zeit am richtigen Ort warst und bist.

Wenn mir immer wieder Unglück widerfährt, kann das doch keine Führung sein.
Doch, jeder Moment ist geführt, egal ob er schön oder schwierig ist. Unangenehme Erfahrungen sind Karma-Ausgleich und dienen dazu, dich Gott näher zu bringen.
Suche nach der Quelle des Unglücks. Leidvolle Erfahrungen haben denselben Urgrund wie freudige.

„Weder das Schöne noch das Unschöne ändern etwas an deinem Urzustand ... Dann nimmst du alles gelassen hin. Gelassenheit ist deine Buddha-Natur."

Warum suchen sich die Menschen immer Beschäftigungen, die ihnen Spaß bringen?
Die Menschen hängen am Schönen, weil sie daran eine gute Erinnerung haben. Sie wollen vom Leid nichts wissen und es nicht spüren, weil sie daran keine gute Erinnerung haben.
Sie leben in der Vergangenheit oder in der Zukunft und wissen nicht, was hinter Freude und Leid steckt. Sie sind über den „mind" nicht hinausgekommen.
Würden sie sich gänzlich hingeben, würden sie irgendwann verstehen, dass es genauso viel Schönes wie Unschönes gibt,

dass der Urgrund von beidem dasselbe Glück ist und dass sie dieses Glück sind.

Mit dem Transzendieren von Freude und Leid findet keine Identifizierung mehr statt und man ist unabhängig von Freude und Leid.

Gibt es wirklich keinen Unterschied zwischen guten und schlechten Erfahrungen?

Nicht für das SELBST. Alles ist dasselbe Bewusstsein und im selben Bewusstsein. Bewusstsein unterscheidet nicht zwischen gut und schlecht. Das Meer bleibt immer Wasser – egal, ob mit Tsunami, kleinem oder keinem Wellengang.

Wenn du dich dem Leben gänzlich hingibst, alles annimmst, was dir widerfährt - seien es die schönsten Erfahrungen oder herbe Schicksalsschläge - wirst du irgendwann herausfinden: Weder das Schöne noch das Unschöne ändern etwas an deinem Urzustand.

Egal, ob dir etwas Gutes oder Schlechtes widerfährt, der Urgrund ist immer derselbe. Dann nimmst du alles gelassen hin. Gelassenheit ist deine Buddha-Natur.

Sämtliche Erfahrungen, egal welcher Art, sind nicht entscheidend für dein eigentliches Glück. Du bist davon unabhängig immerwährendes Glück, Sat-Chit-Ananda. Das ist Freisein.

„Sämtliche Erfahrungen, egal welcher Art, sind nicht entscheidend für dein eigentliches Glück. Du bist

davon unabhängig immerwährendes Glück,
Sat-Chit-Ananda. Das ist Freisein."

Ich brauche doch z.B. Erfolg im Beruf für meine materielle Sicherheit und um mich gut zu fühlen. Verhält es sich mit Erfolg und Misserfolg auch so?

Ja, je nachdem welche Erfahrungen du in diesem Leben machen sollst. Ob du dich im Job anstrengst oder wenig engagierst, ob du Erfolg oder Misserfolg hast, all dies hat karmische Gründe. All dies ist geführt.

Es kann sein, dass die Identifizierung mit dem Job zu groß ist und dass du lernen sollst, dass du etwas anderes bist als die Rollen, die du in deinem Leben spielst.

Wenn du in existenzielle Not gerätst, hast du die Aufgabe, dich deinen Existenzängsten zu stellen. Wer sorgt für dich, wer hat immer für dich gesorgt? Bist du der Verantwortliche?

Du kannst dabei tiefe spirituelle Erfahrungen machen: Selbst wenn alles wegbricht, ist für dich gesorgt. Die Dinge im Leben fügen sich. Wenn du dich hineinfallen lässt und alles in Würde annimmst, kannst du dein Urvertrauen wiedergewinnen.

Das SELBST, das die eigentliche Grundlage deines Daseins ist, sorgt für dich - und nicht du, der das immer dachte. Du kannst entdecken, dass du nicht der Handelnde bist, dass alles geführt ist. Damit schmilzt dein „Ego". Schließlich weißt du, dass du jenseits von Erfolg und Misserfolg bist.

„Wenn du dich hineinfallen lässt und alles in Würde an-nimmst, kannst du dein Urvertrauen wiedergewinnen."

Ist das nicht Fatalismus?

Nein, das hat mit Fatalismus nichts zu tun. Wenn jemand in diesem Zusammenhang von Fatalismus spricht, hat er nicht verstanden.

Du bist jenseits von Macht und Ohnmacht, jenseits von Täter und Opfer. Du bist etwas ganz anderes und das gilt es heraus-zufinden.

Wie kann ich das herausfinden?

Das kannst du mit Hilfe deines Satgurus herausfinden. Er ist dein Navigator und das Boot, das dich ans andere Ufer bringt.

Satsang

In diesem Kapitel sind Fragen zu speziellen Themen aus Einzel- und Gruppen-Satsangs sowie Retreats gesammelt. Sie zeigen zusätzliche Aspekte und Facetten von Manuelas Wissen, ihrer Arbeit und ihrem Sein.

> *„Selbst wenn der Kopf nicht alles versteht.*
> *Das Herz versteht immer."*

Was ist Satsang?

Satsang ist heilige Zusammenkunft. Er ist der eigentliche Yoga. Ein befreites Herz befreit ein weiteres. Jenseits von Name und Gestalt. Satsang führt dich hinter Raum und Zeit.

Der „mind" ist unmittelbar ausgelöscht. Du kannst im Satsang das Konzept, „mind" und Körper zu sein, hinter dir lassen.

Übrig bleibt Glück allein. Friede. Das unbeschreibliche EINE. Dafür brauchst du nichts zu tun. Dasein genügt. Sei willkommen im Satsang.

Was bedeutet transzendieren?

Du transzendierst, wenn dein Herz verstanden hat. Dann lässt du deine Identifizierungen los.

Manchmal verstehe ich deine Ausführungen nicht.

Dann hast du nicht mit dem Herzen zugehört, sondern mit dem Kopf. All das, um was es hier geht, kann der „mind" nicht verstehen.

Horche vom Herzen und das Herz wird verstehen. Selbst wenn der Kopf nicht alles versteht. Das Herz versteht immer.

Wenn ich dir eine Frage stelle, sind es meistens Herzens-angelegenheiten. Kommt die Frage aus dem Herzen?
Nein. Alle Fragen kommen vom „mind". Der „mind" hat et-was nicht verstanden. Das Herz versteht immer. Ohne Worte.

Wer antwortet bei dir?
Die Antworten kommen aus dem SELBST.

„Spirituelle Erfahrungen dienen dem Verstehen
Wenn du nicht verstehst, bist du der Spiel-
ball der Kräfte. Erst wenn du verstehst,
hast du das Spiel transzendiert."

Was ist der Unterschied zwischen Lebenserfahrungen und spirituellen Erfahrungen?
Lebenserfahrungen sind irdisch und werden mit den fünf Sin-nen gemacht. Spirituelle Erfahrungen sind übersinnlich und dazu da, feinstoffliche Welten zu erkunden. Beide sind „mind". Spirituelle Erfahrungen dienen dem Verstehen. Wenn du nicht verstehst, bist du der Spielball der Kräfte. Erst wenn du ver-stehst, hast du das Spiel transzendiert.
Du kannst in der Meditation und mitten im Leben spirituelle Erfahrungen machen. Wenn du mit allem verschmilzt, was dir begegnet, sind tief berührende, wunderschöne Seins-, Gottes-

und All-Eins-Seins-Erfahrungen möglich, mehrdimensional und transzendental.

Was verstehst du unter „direkter Erfahrung"?

Die „direkte Erfahrung" geht nicht über den „mind", die Sinnesorgane, die Meditation. Sie braucht kein Ritual oder sonstiges Tun.

Sie ist eine unmittelbare Erfahrung. Das SELBST erfährt sich SELBST. Einfach so, ohne Anstrengung. Dann erlischt jede Erfahrung.

„Ich durfte auch erfahren, wie und in welcher Reihenfolge sich die Sinnesorgane im Sterbeprozess zurückziehen."

Gab es weitere einschlägige Visionen auf deiner spirituellen Reise?

Ja. Zum Beispiel hörte und sah ich während einer Meditation, wie Wassertropfen hintereinander im Ozean landeten und ich eins mit dem Ozean wurde. Es war wunderschön.

In einer anderen Meditation öffnete sich in der Stille ein Raum. Ich durfte die Planeten unseres Sonnensystems sehen und ihre Sphärenklänge hören. Es war ein Sinfonie-Konzert, das nicht von dieser Welt war. So eine schöne Musik, wie ich sie von den Planeten hörte, gibt es auf der Erde nicht.

Zudem sah ich in weiteren Meditationen unzählige Shiva-Lingams im Raum. Der Raum bestand nur aus Lingams. Ein

Mal waren sie alle schwarz, ein anderes Mal alle weiß. Und wieder ein anderes Mal waren es weiße und schwarze.

Eines Nachts erklärte mir jemand unaufhörlich die Welt und erteilte mir Wissen. Ich erkannte meinen Guru. Währenddessen stellte ich fest, dass ich mit ihm eins und selbst dieser Erzähler bin.

Ich durfte sehen, was das Individuum feinstofflich von der Einheit trennt und sich durch Gnade auflöst.

Beim Sitzen in Samadhi sind mir einmal gleichzeitig einige große Selbstverwirklichte erschienen. Wir saßen gemeinsam in dem EINEN und waren nur das EINE. Es wurde mir gezeigt, dass wir immer eins sind.

Es gibt noch zahlreiche weitere Visionen, an die ich mich erinnere, zum Beispiel als ich die Veden hörte und die Kausalwelten sah. Ich durfte auch erfahren, wie und in welcher Reihenfolge sich die Sinnesorgane im Sterbeprozess zurückziehen.

So heilig und berührend diese Visionen gewesen sind, sie sind „mind" und haben letztlich nie stattgefunden. Ich musste auch sie, wie alle anderen Erfahrungen, loslassen.
Bleibe immer offen und unschuldig, was sich in dir erhebt und vergleiche nicht.

„Hast du kein `Ego´, hast du keine Angst. Bist du im Jetzt, bist du angstfrei. Das SELBST kennt keine Angst."

Warum haben die Menschen Angst vor dem Tod? Wie können sie die Angst vor dem Tod überwinden?

Sie haben Angst vor dem Tod, weil sie sich mit ihrem Körper identifizieren. Sie können das überwinden, wenn sie erforschen, wer sie in Wirklichkeit sind.

Was ist Angst?

Angst ist „Ego". Du hast Angst, wenn du dich an etwas aus der Vergangenheit erinnerst, was dir Unannehmlichkeiten bereitet hat und sich wiederholen könnte.

Angst gibt es in der Zeit. Angst gibt es, wenn du dich mit Körper und „mind" identifiziert, wenn du denkst, dass du sterblich bist.

Hast du kein „Ego", hast du keine Angst. Bist du im Jetzt, bist du angstfrei. Das SELBST kennt keine Angst.

Was hat es mit Nahtoderfahrungen auf sich?

Nahtoderfahrungen sind außerkörperliche, transzendentale Erfahrungen. Durch einen Schicksalsschlag, z.B. einen Unfall oder eine lebensbedrohliche Erkrankung gehen die Menschen ein Stück denselben Weg zurück, den sie auf die Erde gekommen sind.

Oftmals werden sie durch einen Tunnel ins Licht gezogen. Sie sehen, wie sie sich von ihrem Körper losgelöst haben und wie ihr Leben an ihnen vorbeizieht. Sie arbeiten dabei Beziehungen, Krankheiten und ähnliches auf. Oft dürfen sie Glück, Stille, Liebe und Frieden erfahren.

Nach Nahtoderlebnissen verändern die Betroffenen meist ihre Lebensweise in dem Bewusstsein, dass es noch etwas anderes als ihren Körper gibt. Viele führen ein spirituelles Leben.

Ist man nach einer Nahtoderfahrung befreit?
Die Nahtoderfahrung bringt nicht zwangsläufig die finale Erkenntnis, dass die Welt eine Illusion ist, man nicht der Handelnde ist und letztlich nie etwas stattgefunden hat. Das „Ego" ist damit nicht unbedingt transzendiert. Die Nahtoderfahrung kann den Menschen die Suche nach dem SELBST erleichtern.

„Das SELBST zu verwirklichen, ist die beste Medizin.
Das SELBST ist nie krank, es kann nicht krank sein."

Wie können Menschen ihre Krankheiten hinter sich lassen?
Eine Erkrankung ist karmisch. Sie entsteht im „mind". Mit zunehmendem Wissen um das SELBST wird der „mind" ruhiger. Je mehr Wissen, umso weniger Krankheit.
Das SELBST zu verwirklichen, ist die beste Medizin. Das SELBST ist nie krank, es kann nicht krank sein.
Trotzdem sind karmische Erkrankungen nach der Selbstverwirklichung möglich – im Wissen, dass du nicht der Körper und nicht die Erkrankung bist.

„Im Alleinsein erheben sich tiefer Friede, Liebe
und Wissen. Das ist All-Eins-Sein. Es ist ein

*großes Geschenk. Yogis lieben das irgend-
wann. Es gibt nur dieses All-Eins-Sein."*

Ich fühle mich oft einsam.

Halte das aus. Lenke dich nicht ab. Nichts in der Welt, kein
Mensch kann deine Einsamkeit stillen. Du glaubst, dass eine
Begegnung oder Beziehung das Ende deiner Einsamkeit sei.
Dem ist nicht so.

Lerne, mit dir SELBST zu sein. Schaue, woher die Einsamkeit
kommt. Dann bleibst nur du allein. Im Alleinsein erheben
sich tiefer Friede, Liebe und Wissen. Das ist All-Eins-Sein.

Es ist ein großes Geschenk. Yogis lieben das irgendwann. Es
gibt nur dieses All-Eins-Sein. Dann hast du die Einsamkeit
transzendiert.

Ich bin oft unsicher und schäme mich vor anderen.

Es gibt nichts, wovor man sich schämen muss. Schämen hat
damit zu tun, dass man sich mit Körper und „mind", mit dem
„Ego" identifiziert.

Man sagt, dass mit Humor alles leichter fällt.

Das stimmt. Aber strenge dich hierfür nicht an. Du musst keinen Humor herbeizwingen. Er erhebt sich von alleine. Sonst
ist es ein Krampf.

Der, der du bist, ist jenseits von Humor und Ernst. Humor
und Ernst sind nur zwei unterschiedlich - mit den Sinnesorganen erlebte - Facetten, Dualität.

Hast du die Dualität transzendiert und erkannt, dass alles geträumt ist, nimmst du das Leben aus einer Natürlichkeit heraus humorvoll und gelassen.

> *„Das, was du verändern kannst und was ansteht zu verändern, verändere. Das, was du im Moment in deinem Leben nicht verändern kannst, nimm hin."*

Der Alltag mit all seinen Anforderungen holt mich immer wieder ein. Was hilft mir, damit das SELBST Einzug in mein Leben findet?
Das SELBST ist bereits da. Um dies zu erkennen, gibt es Satsangs und Retreats.
In beiden hast du die Möglichkeit, über einen längeren Zeitraum mit dem SELBST zu sein, tiefe und berührende Gottes- und Seinserfahrungen zu machen, Konzepte und Konditionierungen zu transzendieren und herauszufinden, wer du in Wirklichkeit bist.
Gib dich dem Leben hin. Richte dich im Alltag auf das Jetzt, auf das SELBST, aus. Beschäftige dich jeden Tag für eine gewisse Zeit mit dir SELBST.

Kannst du mir noch einmal die Hingabe an das Leben und die Hingabe an den Satguru erklären?
Hingabe an das Leben bedeutet, dass du alles annimmst, was dir widerfährt und du keine Widerstände in dir trägst. Das,

was du verändern kannst und was ansteht zu verändern, verändere. Das, was du im Moment in deinem Leben nicht verändern kannst, nimm hin. Dann fügt sich das Leben von allein.

Hingabe an den Satguru ist, „ihm" zu lauschen, „ihm" zu vertrauen, sich führen zu lassen und mit „ihm", dem SELBST, zu verschmelzen.

Beides ist dasselbe. Beides ist Bhakti.

Was ist heilig? Gibt es dafür eine Definition?

Heilig sein bedeutet „no-mind". Heilig sein bedeutet nicht, dass du nur Gutes tust und dich für die Welt aufopferst.

Heilig bist du, wenn du dich auf die Suche nach dem SELBST machst oder du das SELBST in dir gefunden hast.

„Das goldene Zeitalter ist in dir, hier und jetzt."

Wie kann es Frieden auf der Welt geben?

Gar nicht, dann müsste jeder befreit sein. Bevor nicht jeder befreit ist, gibt es keinen Frieden auf der Welt.

Und wenn jeder befreit wäre, gäbe es keine Welt.

Aber die Frage war, wie es Frieden geben kann. Die Antwort lautet: Jeder muss sich auf den Weg nach Hause begeben. Jeder ganz allein. Jeder für sich.

Dabei erweitert sich das Bewusstsein. Der Mensch nähert sich seinem Ursprung und damit dem eigenen inneren Frieden. Das goldene Zeitalter ist in dir, hier und jetzt.

Wenn du deinen Satguru und mit ihm Frieden gefunden hast, ist es für dich der Friede auf der Welt. Mehr brauchst du nicht.

Dann bist du für alle Lebewesen auf der Erde ein Leuchtpunkt. Das ist dein bester Beitrag zum Frieden auf der Welt.

Ich meditiere viel. Meine Familie fühlt sich dadurch vernachlässigt. Sie hat das Gefühl, ich entferne mich von ihr.

Deine Meditation ist das Beste für dich und deine Familie. Wenn die „Ego"- Strukturen in der Familie groß sind, werden deine Angehörigen dich darin vielleicht nicht unterstützen.

Da du mehr und mehr im Sinne des SELBST lebst, können sich alte Familienstrukturen auflösen. Es kann sein, dass dies deinem Umfeld zunächst nicht gefällt.

In Wirklichkeit hilfst du den Familienmitgliedern damit, auch wenn es ihnen nicht bewusst ist. Tief in ihrem Inneren spüren sie, dass das richtig ist und es auch ihnen gut tut.

Letztendlich heilst und befreist du gleichzeitig deine Ahnen. Nur verstehen, den letzten Schritt gehen, müssen sie selbst. Das kann ihnen niemand abnehmen.

Woher weißt du, dass man mit Meditation seinen Ahnen hilft?

Auf dem Weg der Befreiung wirst du immer glücklicher. Dies spüren deine Ahnen und werden selbst glücklicher. Ich habe es in meiner eigenen Familie erlebt und erlebe dies täglich in der Praxis.

Mit Kontemplation und Innenschau verstehst du immer mehr, dass du alles bist. Mit der Befreiung weißt du das final. Dann bist du für alle Lebewesen und deine Ahnen ein Leuchtpunkt. Dieses Wissen um das EINE ist das Beste, was man für das Universum tun kann.

„Du warst schon immer frei und wirst immer frei sein. Du weißt es nur nicht. Du kannst nie nicht frei sein."

Was bedeutet Freisein?
Freisein bedeutet zu wissen, wer du bist, nämlich formloses Sein, Sat-Chit-Ananda, Sein-Bewusstsein-Glückseligkeit.
Du warst schon immer frei und wirst immer frei sein. Du weißt es nur nicht. Du kannst nie nicht frei sein.
In „beyond" hast du auch das Freisein transzendiert.

Was ist das SELBST?
Der Urgrund, Brahman.

Was ist der Zweck meines Daseins?
Der einzige Zweck deines Daseins ist die Selbstverwirklichung.
Der einzige Zweck deines Daseins ist, glücklich zu sein.

ॐ

Kurztexte und
Aphorismen

*Die folgenden Kurztexte und Aphorismen hat
Manuela seit 2009 verfasst.*

„Freiheit ist, wenn man begriffen hat, nicht der Handelnde
zu sein."
(2009)

„Der Körper ist dein Gefäß und dein Fahrzeug für höhere
Bewusstseinszustände. Du bist nicht der Körper, aber nur
mit einem Körper ist es möglich, Bewusstsein zu erfahren.
So achte ihn und gehe behutsam mit ihm um."
(2017)

„Und es gibt es doch, das anstrengungslose Sein. Es ist sogar
jenseits von anstrengungslos.
Jeder glaubt, sich immer abmühen zu müssen, um Ziele zu
erreichen und Wünsche zu erfüllen.
`Man muss etwas für sein Glück, für seine Erleuchtung und
für das Sein tun.´
Ich möchte euch zeigen, dass eure eigentliche Natur nichts
damit zu tun hat.
Sie ist bedingungslos, ohne Konzepte und mühelos.
Was es dafür bedarf, ist Hingabe und Loslassen.
Dann findet alles in seiner ursprünglichen Schönheit statt.
Just be. Silence.
Your mind & soul are beautiful.
Om Shanti Om."
(2022)

160

„Feine Stille in dir, ist ewig, glückselig, geht nie verloren, fang
an zu suchen, jetzt."
(2015)

„Advaita ist die Vollendung des Wissens durch die Einheit.
Du erfährst, dass es nur das EINE gibt und die Welt wie eine
Fata Morgana eine Illusion ist.
Dann weißt du um dein SELBST jenseits von Konzepten und
Identifikationen.
Dann bist du zu Hause.
Das ist Moksha."
(2021)

„Trust yourself. Der Diamant ist in deinem Herzen."
(2014)

„Yoga bedeutet Vereinigung, Verschmelzen, Einswerden.
Yoga klärt die Nadis und macht geschmeidig.
Yoga lässt dich Glück erahnen, wenn nicht sogar schon spü-
ren.
Yoga ist dein Jungbrunnen und dein Katalysator.
Yoga dient Körper, Geist und schließlich der Transzendenz.
Denn du bist nicht der Körper.
Dann kannst du yogisch sitzen, fliegen und All-Eins-Sein."
(2022)

„Wer nach Schönheit strebt, strebt nach Frieden."
(2018)

„`Infinity´. Und `beyond´.
Jenseits des Verstandes.
Nicht mehr in Worte zu fassen.
Hier hast du die Dualität und das Einssein transzendiert.
Du bist jenseits der Paradoxien, jenseits des Beschreibbaren.
Jenseits von Samsara und Nirvana.
Ohne Anfang und ohne Ende.
Hier bist du zu Hause.
Unbeschreiblich schön. Zeitlos schön.
`Infinity´. Und `beyond´.“
(2022)

„Satsang ist die Offenbarung des SELBST. Schließe die Augen,
verliebe dich und bleibe dort.“
(2022)

„Das SELBST ist jenseits aller Erfahrungen. Es ist jenseits von
`mind´ und `no-mind´. Das SELBST ist immer, alldurchdringend, allgegenwärtig und unveränderlich.
Das SELBST kann man nicht erreichen. Alles, was man erreichen kann, kann einem wieder genommen werden.“
(2023)

„Du gehst den Weg des Advaita-Vedanta, um an seinem Ende
zu erfahren, dass dieser Weg selbst nur ein Konzept ist.
Wer diese Paradoxie verstanden hat, hat das Geheimnis des
Lebens verstanden.“
(2021)

ॐ

Zitate aus der Praxis

„Bei dir im Satsang ist es, wie nach Hause zu kommen.“

„Du berührst die Menschen, ohne sie anzufassen.“

„Wenn ich Manuelas Stimme höre, fühle ich mich glücklich
und in eine andere Welt versetzt.“

„In den Satsangs mit Manuela bleibt die Zeit stehen.
Es ist unglaublich schön.“

„Das Retreat mit dir war etwas Besonderes. Durch deine Präsenz
habe ich Stille und Glück erfahren können. Deine Meditationen
haben etwas Heilendes und Heiliges. Ich bin zutiefst berührt.“

„Manuela hat mir meine Ängste genommen und mir gezeigt,
glücklich zu sein.“

„Manuela berührt mich, ich kann mich bei ihr öffnen. In ihrer
Gegenwart fällt es mir leicht, den Kopf auszuschalten,
loszulassen und ein anderer Mensch zu sein.“

„`No-mind´ gibt es wirklich. Im Satsang von Manuela konnte
ich es erfahren.“

„Manuela hat mich aus einigen Krisen geführt. Sie ist eine
einfühlsame Therapeutin und meine beste Lehrerin.
Ich bin ihr unendlich dankbar.“

„Wenn ich bei dir bin, fällt jedes Mal eine Last von mir und ich fühle mich leicht und aufgehoben."

„In deiner Gegenwart fühle ich eine große Kraft, eine große Power."

„Wenn man zu dir kommt, spürt man einen Unterschied zwischen hier und draußen wie zwischen Tag und Nacht."

„Nach der Sitzung bei dir ist es wunderbar. So kann es bleiben."

„Bei dir ist es wie im Himmel."

„In deinen Satsangs spüre ich Frieden und Glück."

„Ich könnte hier noch ewig sitzen."

„Ich habe keine Worte mehr."

ॐ

Glossar

*In diesem Abschnitt werden einige im Buch
verwendete Begriffe erläutert.*

Advaita-Vedanta - Das Wissen um die Einheit, „oneness"

Amrit - Nektar, Essenz Gottes

Ananda - Glückseligkeit

Ashram - Gemeinschaft von Yogis

Atman - Die Essenz des Individuums, das SELBST

Beyond - Jenseits von „mind" und „no-mind"

Bhakti - Hingabe

Brahma - Schöpfergott im Hinduismus

Brahman - Das Höchste SELBST

Devotee - Schüler und Verehrer des Gurus, des SELBST

Drittes Auge - Stirnchakra für die Gottesschau

Dualität - Illusion der Zweiheit, man glaubt Körper und
„mind" zu sein, vermeintliche Geburt des „Egos", Ursache
von Leid

Durga - Eine Form der Hindu-Göttin Kali

Guru - Spirituelle/r Lehrer/in

Infinity - Unendlichkeit, Samadhi, Bliss

ॐ

Manuela Bethke

"Let thy will be done."

Nach ihren Ausbildungen zur Fremdsprachenkorrespondentin und Juristin mit zweitem Staatsexamen widmete sich Manuela Bethke der Personalberatung, Lebensberatung, Seminarleitung, Therapie und spirituellen Begleitung von Menschen.

Zu ihrem Jurastudium motivierte sie die Vision einer gerechten Ordnung und glücklichen Welt, die sie längst als Heilpraktikerin in eigener Praxis lebt.

Seit nunmehr über 20 Jahren berührt Manuela Menschen von Herz zu Herz. Ihre Arbeit geht über weltliche Themen hinaus und dient der Befreiung.

Sensitive Anlagen und wegweisende Lebensereignisse ließen sie die Tiefen und Höhen des menschlichen Daseins erkennen und wissend werden.

Manuela weiß um die Welt, ihre Erscheinungen, das Jenseits und die göttliche Wirklichkeit, die allem zugrunde liegt. Ihr wurde gewahr, dass alles, auch sie, diese Wirklichkeit, dieses EINE ist und die Welt nur eine Erscheinung im Bewusstsein, geträumt ist.

„Tat tvam asi."

"We are all servants of god. "

Nach vielen Jahren Meditation, Bhakti Yoga, Hingabe an das Leben und an das SELBST, hat große Gnade sie das SELBST verwirklichen lassen. Manuela lebt die Essenz des Advaita-Vedanta, die höchste Realität.

„Dieses Einssein ist nichts, was man mit dem Verstand greifen oder erklären kann. Es ist jenseits von Körper und `mind´. Es ist der Urgrund selbst, der man immer ist," so Manuela.

Als diese Präsenz, jenseits aller gesellschaftlichen Rollen, berührt Manuela Menschen.

Mit Manuelas Selbstverwirklichung hat sich der Sinn ihres individuellen Daseins erfüllt. Ihre Aufgabe ist, für das Wohl und die Befreiung anderer da zu sein.

In ihrer Gegenwart ist es möglich, Körper und „mind" zu transzendieren und seine wahre Natur herauszufinden. Manuela dient den Menschen als Katalysator auf dem Weg zu innerer Harmonie, innerem Frieden, Glück und zum höchsten SELBST.

„Om Shanti Om. "

„Man sieht nur mit dem Herzen gut, das Wesentliche ist für die Augen unsichtbar." Antoine de Saint-Exupéry

Namaskar
in der Naturheilpraxis

Therapie Meditation Yoga Satsang Retreat

Dein Ort für Gesundheit, Harmonie, Ganzheit, Glück, innere Schönheit & Stille, Sein & Beyond, Ayurveda & Advaita

Therapie bedeutet für mich heilsame Berührung. Es darf etwas ins Bewusstsein und zur Ruhe kommen.

Therapeutische Angebote
Anamnese & Diagnostik, Bewusstseins-Therapie, Manuelle Therapie, Ernährungstherapie, Darmsanierung, Schröpfen, Neuraltherapie, Schmerztherapie, Prophylaxe, Orthomoleku-lare Therapie und vieles mehr.

Du wirst von mir liebevoll aufgenommen und kannst deine Selbstheilungskräfte aktivieren, Schmerz transzendieren, dein Bewusstsein erweitern und herausfinden, wer du in Wirklich-keit bist.

„That thou art."

„Der Körper ist dein Gefäß und dein Fahrzeug für höhere Bewusstseinszustände. Du bist nicht der Körper, aber nur mit einem Körper ist es möglich, Bewusstsein zu erfahren. So achte ihn und gehe behutsam mit ihm um."

Naturheilpraxis Manuela Bethke
Oberonstraße 3
81927 München
089 99 31 74 73
www.advaita-muenchen.de

„Weltliches Glück kommt und geht. Inneres Glück ist unabhängig, frei und ewig. Das ist Befreiung."

ॐ